JN165650

ダージリン・
ヒマラヤン鉄道

「狭軌鉄道」── 線路の幅が狭いというだけで
鉄道がグッと身近かな存在になってくる。

「狭軌鉄道」の車輌は人間の背丈に近い　＊1
細い線路は等高線に逆らうことがない　＊2
そしてどこか懐かしく心和ませてくれる。

世界は広い。
いまも走っている「狭軌鉄道」がある
いまも 蒸気機関車の走る姿を見ることができる。

蒸気機関車の走る　世界の「狭軌鉄道」

＊1）線路幅が小さい分そこを走る車輛も小さい。だが、乗車する人間は小さくはできないから、車輛はどこかアンバランスな面白さがある。だから時には、客車の中では向き合って座るお客さん同士のヒザが触れたりして、ココロ和まされる。

＊2）トンネルや鉄橋で一直線に結ぶのでなく、自然に逆らうことなく等高線に沿いクネクネと曲がって進む線路は、どこか慎ましやかでココロ和まされる。

駆ける、小さな蒸気機関車…
標高１２０ｍの街から
標高２０００ｍ超のダージリンまで
英国領時代の１８８１年に開通した
避暑客と紅茶を運ぶための「狭軌鉄道」

ダージリン・ヒマラヤン鉄道

N F
806
B

UltraTech

狭い線路は心が和まされる
線路の幅は2フィート（610mm）
新幹線（世界標軌）の半分以下
19世紀に敷かれた線路を
125年前につくられた蒸気機関車が走る
「世界遺産」ダージリン・ヒマラヤン鉄道

石炭の匂い
蒸気の温もり
軽やかな走行音
余韻を残して
汽車は
駆け抜けていく

カオスの街は
日常の情景
生活の間を
汽車が
通り抜けていく

やがて線路は山間に入って行く
小さな蒸気機関車は力を振り絞って
勾配に挑みはじめる

等高線をなぞるように曲がりくねった線路を
「サンドマン」「コールマン」*3
機関士、機関助士
力を合わせて蒸気機関車を走らせる

「世界遺産」ダージリン・ヒマラヤン鉄道

*3）機関車の前には線路に滑り止めの砂を撒く「サンドマン」、炭庫には石炭を砕いてキャブに送り込む「コールマン」、そのほか「ブレーキマン」の役もこなす機関助士など、数えたら５人もの乗員が乗り込んでいる。

DHR
NF
DHR

ダージリン・ヒマラヤン鉄道

世界の狭軌鉄道 01

もくじ

ダージリン・ヒマラヤン鉄道は 140 年近い歴史を持つ「世界遺産」の鉄道である。

インド北東部、西ベンガル州北部ダージリン地方の中心地、ダージリン。ネパール、ブータン、バングラデッシュ、北は中国に至る標高 2100m、人口 13 万人ほどの街だ。英国東インド会社がこの地区を治めていた 19 世紀から避暑地、紅茶の街として発展し、いまでもダージリン・ティによってこの名前は世界的に知れ渡っている。

その避暑地への避暑客輸送、また紅茶の産出のためにつくられたのがダージリン・ヒマラヤン鉄道、DHR である。

麓の街、シリグリからダージリンまで 80km の線路が敷かれたのは、140 年近くも前のこと。それは 1960 年代に現在のニュー・ジャルパイグリまで延長され、全長 87km の線路で高低差最大 2130m、蒸気機関車時代は 7 時間をかけて走破していた。

21 世紀のいまも、ほとんど当時と変わらないままの風情を残すことから、1999 年には「世界遺産」に登録されたのである。

DARJEELING HIMARAYAN RAILWAY とは

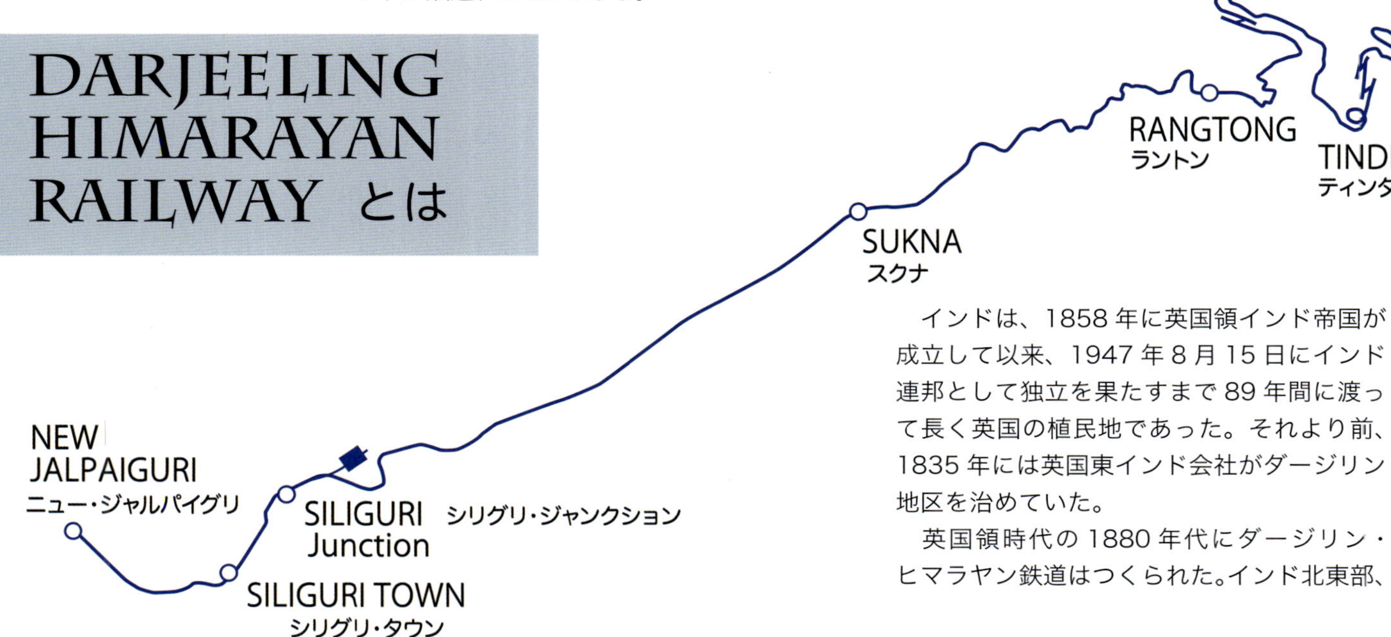

インドは、1858 年に英国領インド帝国が成立して以来、1947 年 8 月 15 日にインド連邦として独立を果たすまで 89 年間に渡って長く英国の植民地であった。それより前、1835 年には英国東インド会社がダージリン地区を治めていた。

英国領時代の 1880 年代にダージリン・ヒマラヤン鉄道はつくられた。インド北東部、

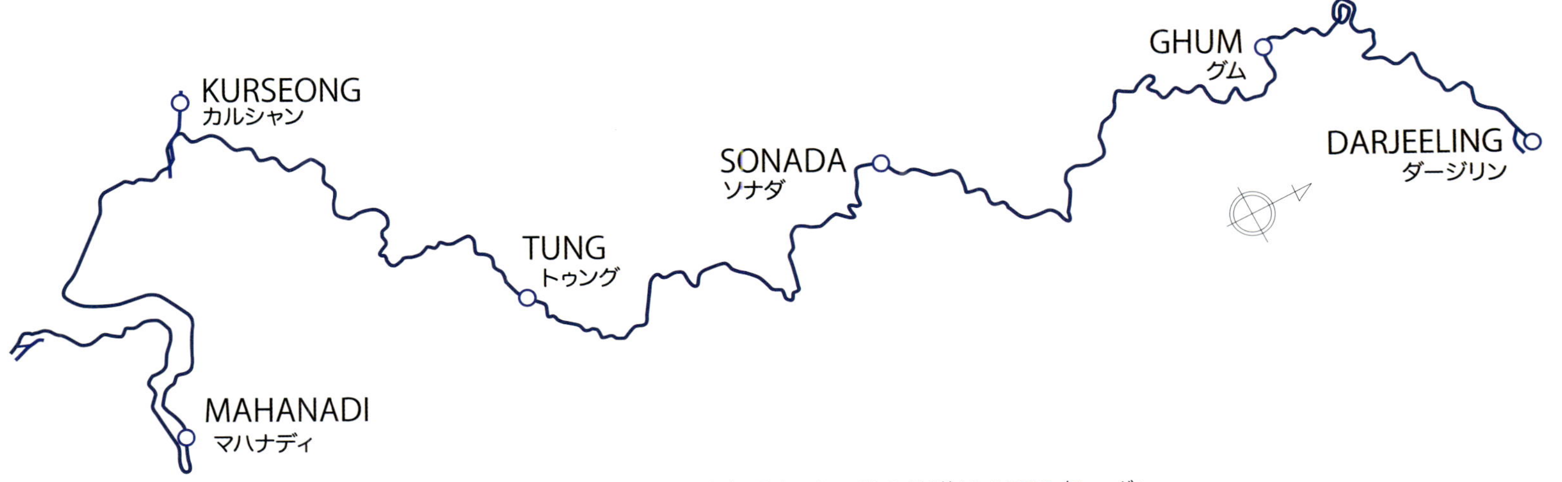

世界の最高峰ヒマラヤの懐、標高2100m超の「天空の街」ダージリンは、英国人の避暑地として発展しつつあった。前後して紅茶の栽培もはじまり、生産量が急速に伸びていた時期である。その中心地であるダージリンへ人を運び、紅茶を搬出する鉄道建設は、時宜を得たものであった。

いまでこそ、優に100年を超す歴史をそのまま封印したような情景が大きな注目を集めている、文字通りの「世界遺産」の鉄道だが、その当時は最新、最良の交通手段であった。馬車が往き交う道路に沿って線路が敷かれ、蒸気機関車の牽く列車が走りはじめたのである。

そもそもインドの鉄道は1853年、ボンベイ～ターネー間40kmほどの線路が最初だったという。日本の鉄道よりも20年も早い。日本の鉄道も英国の指導のもと建設されたもので、わが国の鉄道が3フィート6インチ（1067mm）の狭軌であるのは、植民地は「軽便ゲージ」で敷くべし、という英国の方針によったため、といわれているが、インドの最初の線路は1676mmという広軌線路であった。

英国領時代、綿花、石炭、紅茶の輸送が鉄道の発展を促したといわれるが、まさしく、ダージリン・ヒマラヤン鉄道は英国領時代、英国人の避暑地として、またダージリン紅茶の栽培地として発展していたダージリンへの交通手段として計画された。

1878年に北部ベンガル州鉄道がサラ・ガット〜シリグリ間にメーター・ゲージ鉄道を延長してきたことで、カルカッタ（現コルカタ）に至る鉄道が開通した。まだガンディス川を越える橋はなく、フェリーを介しての交通網であった。

それを待ち構えていたかのように早速、ダージリンへの線路の建設がはじめられた。「ダージリン蒸気トラム会社」が設立され、すでに開通していた「ヒルカート・ロード」に沿って、線路が敷かれた。線路幅は英国の「軽便規格」の2フィート（610mm）、高低差2130mの山岳鉄道ゆえ、スウィッチバック、ループ線などが採り入れられた。線路は忠実に等高線をなぞり、トンネルはまったくない。

1880年、シリグリ〜カルシャン間が開通。ここまでで、6カ所のスウィッチバック、4カ所のループ線が設けられていた。

ダージリンまで全通したのは翌1881年7月のことであった。それによってもうひとつ、ループ線が加えられた。この時点で、ダージリン・ヒマラヤン鉄道と改称。開通した鉄道は避暑客だけでなく物資の輸送にも有効であった。早速、1885年6月にダージリンの奥にバザール線という貨物専用線が延長されたり、木材搬出の支線も設けられたりした。

最初に導入されたのは8輌のCクラスと呼ばれる10t級の小型Bタンク機関車であった。1880年英国シャープ・ステュアート社製、DHRでは1〜8号機の番号をもらった。だが、非力な上にホイールベースが短く重心も高かったことからトラブルも多く、早々に売却されたという。

それより前、建設に用いられたのは1875年製の英国マニング・ワードゥル社製のBサドル・タンク機。わが国では個性派の機関車「善光」号のメーカーとして知られる。もとより、建設用を得意としていた会社である。これも1886年までに売却されている。

DHRの標準的な機関車として最初に定着したのは、1882年に導入されたAクラスである。同じく英国シャープ・ステュアート社でつくられたものだが、先のCクラスから多くのものをフィードバックされていた。すなわち、形式的にはウェル・タンク（ボトム・タンク）機だが、台枠部分だけでなくシリンダ部下方にもタンクを備え（ウイング・タンクと呼ばれたりする）、重心を下げる工夫がされていた。

8輌が納入され、9〜16号機として、順次Cクラス機と置き換えられていった。性能は安定していたが、水タンクの容量不足から、サドル・タンクが追加され、同時キャブ前方にコール・バンカーも設けられた。その改造後の姿は、ほぼBクラスに等しく、並べてみてはじめてひと回り小型ということで区別が付く、というくらいだ。

ダージリンの写真館で手に入れた古写真。左上の「ダンゴ運転」は憧れのシーン。左の写真の機関車は初期のＡクラス。右は貨物列車。かつて機関車は茶色塗装だった。

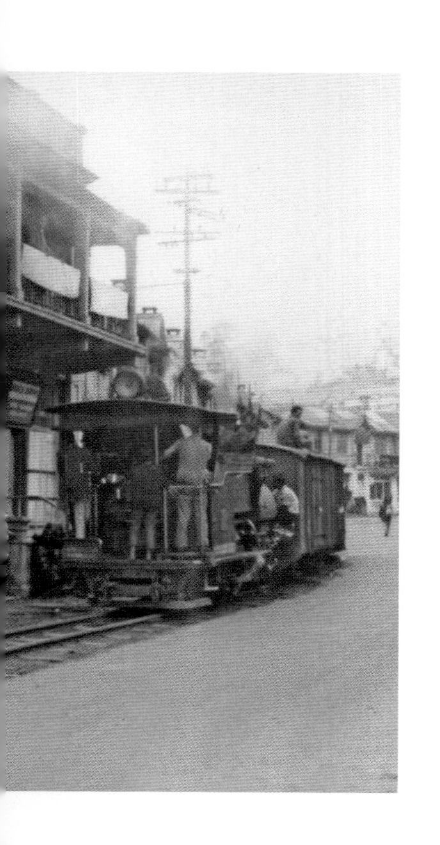

さて、現在も活躍をつづけるダージリン・ヒマラヤン鉄道を象徴するBクラス蒸気機関車だが、1888年に最初の一群が英国シャープ・ステュアート社に注文された。それは改造後のAクラスをひと回り大きくした、つまり12t級の改造後Aクラスを14tに拡大したようなサドル・タンク機であった。しっかりコール・バンカーも用意されていて、ボトム・タンクも最初から備わっていた。注文の翌1889年に納入された17～20号機を皮切りに、増備がつづけられた。

途中、1903年にシャープ・ステュアート社はニールソン社、ダブス社と合併してノース・ブリティッシュ社を形成したことから、29号機以降はノース・ブリティッシュ社製となっている。最終的には31、37、38号機を除き、1927年製の53号機まで31輌が揃うことになる。このうち、第一次大戦中の1917年に米国ボールドウィン社でつくられた3輌の同型機、39～41号機が含まれる。

戦後、インド国連邦として独立を果たして間もなく、1948年10月20日、インド政府鉄道が発足。ほどなくすべての鉄道を国有化したことから、DHRもその中に組込まれることになる。それを受けて1957年、機関車の番号が変更され、Bクラスは現在の777～804号機に改番される。

すっかり完成していた「DHR」スタイル蒸気機関車は、そのまま時空を超えて保たれ、今日に至るのだが、その間には、細かな変化が加えられている。

1962年にはシリグリ・タウン、ニュー・ジャルパイグリ（NJP）まで線路が延長された。当初、旅客列車はシリグリ・タウンまでだったが、1964年にNJPまで走るようになった。1971年にはブロード・ゲージの本線がNJPに到達し、いっそうスピーディなコルカタなどとのルートが誕生する。

とはいえ、道路の発達などもあり、ゆっくりではあるが「時代の波」の到達を感じないわけにもいかなくなった。1980年、ダージリン・バザールの延長貨物線廃止、1992年には貨物運転が終わる。

そんななか大きなニューズがもたらされる。1999年、ユネスコから世界遺産に認定されたのだ。前年に登録されたオーストリア、ゼメリング鉄道につづく、鉄道として二番目の登録であった。その後、ニルギリ山岳鉄道、カールカー・シムラー鉄道を併せ、インドの山岳鉄道として認定されている。

2000年からはディーゼル機関車も導入され、日に1往復の全線直通列車はディーゼル機関車の牽引、蒸気機関車はカルシャン～ダージリン間を中心に運転されている。

ダージリンへの道
「カオスの街」を往く

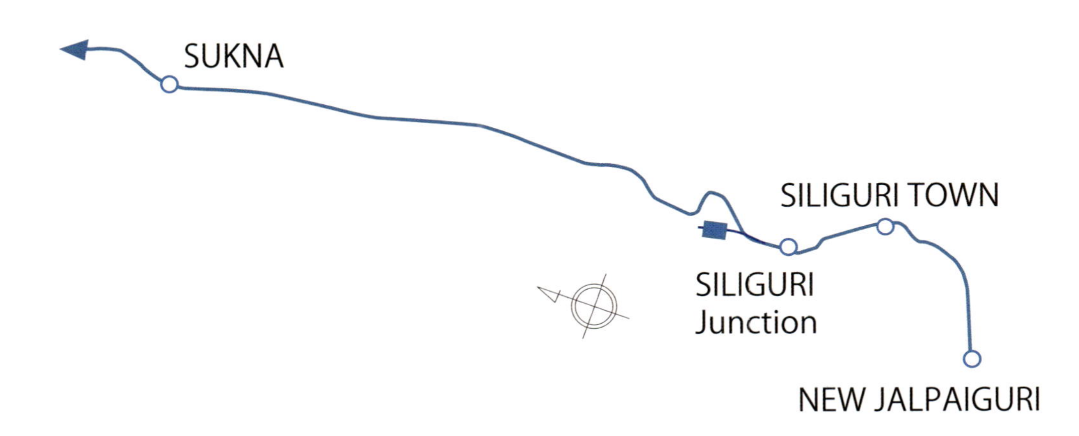

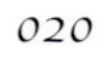

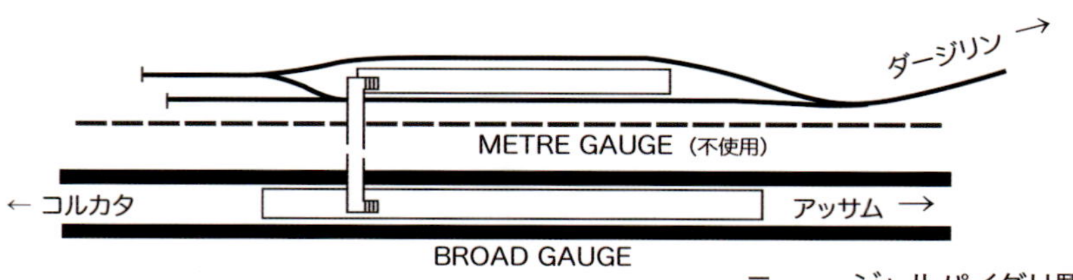

ニュー・ジャルパイグリ駅

NEW JALPAIGURI

■ ニュー・ジャルパイグリ

DHR の出発点はニュー・ジャルパイグリである。ブロード・ゲージのコルカタとアッサム地方を結ぶルートとの接続駅である。ブロード・ゲージの本線が開通し、それに連絡するために 1962 年にシリグリから南に向かって約 6km、線路が延長されて新駅が設けられた。開設されたときには、ブロード・ゲージ（1676mm）、メーター・ゲージ（1000mm）そして DHR の 2 フィート（610mm）という 3 つのゲージが乗入れていたが、2004 年にメーター・ゲージはブロード・ゲージに改軌されて、いまでは存在しない。

本当は「ニュー・シリグリ」という駅名の予定だったところが、是非ともジャルパイグリの名を使うようにとの圧力があって「ニュー・ジャルパイグリ」となった、という。ジャルパイグリの街の中心地はここから約 40km、シリグリよりも遥かに離れているのに、という指摘もあるが、政治的な配慮の方が優先されるのは世界共通なのだろうか。

শিলিগুড়ি জংশন
सिलीगुड़ी जंक्शन

SILIGURI JN.

■ シリグリ・ジャンクション

　もとのシリグリ駅、DHR の最初の起点となっていたのは、いまのシリグリ・タウン駅である（写真下右）。そこにはメーター・ゲージの線路がやってきており、接続していたのである。

　1950 年にシリグリ・ジャンクション駅ができ、いまではそちらが中心になっている。開設時はシリグリ・ノース駅と呼ばれていたが、1962 年にニュー・ジャルパイグリまで線路が延びたとき、シリグリ・ジャンクションに改称された。近くにシリグリ機関庫があることから、チャーター列車をはじめ蒸気機関車の列車はここを起点とする。ホンの 2 〜 3 輛編成の DHR の列車用にしては、驚くほど長いプラットホーム。それは、かつてメーター・ゲージと共用していた名残りだ、という。

　いまではブロード・ゲージの本線から跨線橋を渡った端に 1 面のホームと機回し線が 1 本だけ。ホームにはベンチの後方にダージリンのポスターやら歓迎の看板などが並び、ムードを高めてくれる。

B792

B792

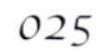

শিলিগুড়ি জংশন
सिलीगुड़ी जं - SILIGURI JN

CROSSING

■ シリグリの平面交差

シリグリ・ジャンクションを出、機関庫を越えた先でDHRはブロード・ゲージの本線線路とクロスする。ブロード・ゲージ1676mmとDHRの610mmゲージの線路幅は、実に2倍を優に超え3倍近い差だ。片や、大型のC-Cディーゼル機関車が長い列車を牽いて駆け抜けていく本線。片や「Bクラス」蒸気機関車が小さな客車2輌を従えて走るDHR。その対比はあまりにも大きい。

なにしろ、ほとんど世界一といっていい広軌、実用鉄道としては最小クラスの2フィート狭軌。そのふたつが平面でクロスする場所は、世界広しといえどもそんなにお目に掛かれるものではあるまい。

ちょうどそのクロス部分を見下ろすことのできる陸橋。そこまで右側を走っていたDHRが反対側に15°ほどの角度でクロスし、しばらく並行したのち、そのまま北に向かって走る本線と分かれ、左側、つまり西に大きくカーヴしてロードサイドに出て行く。

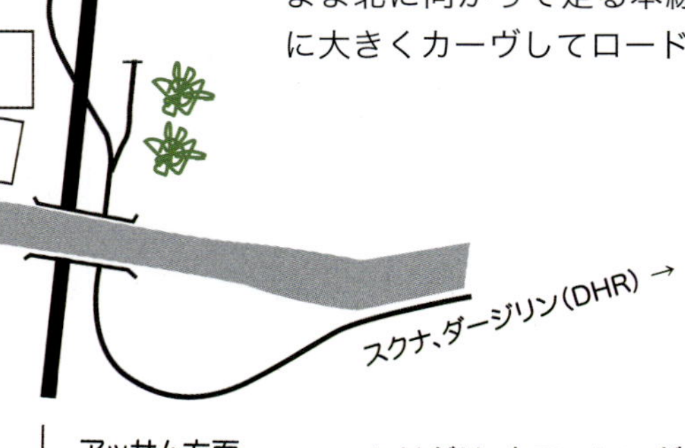

シリグリ・クロッシング

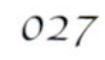

HOTEL
होटल

HILLCART RD.

■ 道路に沿って、街を往く

なにが興味深いといって、街中の雑踏の中を走る蒸気機関車シーンほど面白いものはない。DHR は山岳路線で、ループ線やスウィッチバックなど、特徴的な線路が有名だが、それらを差し置いても街中を往く列車が見たかった。人々の生活に溶け込んで、一世紀以上の年月を走りつづけている「狭軌鉄道」。

それはわが国ではすでに廃止されてしまっていて、見ることのできなかった「軽便鉄道」の情景ともオーヴァラップし、いい知れぬ興味を抱かせるのであった。

ブロード・ゲージと平面交差してすぐに左にカーヴし、「ヒルカート・ロード」の道路脇に出ると、この先ずっとダージリンの街まで沿って走る。

ときに雑踏をかき分けながら、露天を含む店先をかすめて走ったり、ときに急峻な山間の狭いスペースを道路と分け合うように進んだり、幾度となくくねった道路を横切りながら DHR の線路は延々つづいていくのである。

まずはその入口、最初の「ヒルカート・ロード」を横切るシーン。

PANCHANAI BDG.

■「悔しい鉄橋」

パンチャナイ川に架かる鉄橋は、DHR に似つかわしくないほど立派なトラス橋であった。逆にそのミスマッチが面白い、と写欲をそそわれたものだ。だいたいが山に向かって険しい山道を行くという印象のダージリン・ヒマラヤン鉄道である。小さな沢を越えるところはそこここに見ることができても、本格的な鉄橋はイメージできなかった。

だからいっそう見てみたい、ということにもなるわけである。最初に訪問した時、道路脇を一緒に走る鉄橋があったりして、ロケハンにも力が入った。このパンチャナイ川橋りょうは 2003 年に架け替えられたもので、使われなくなった橋脚が残っていたりするのも面白い。

先のクロッシングを撮影してからこの鉄橋で列車を待つはずだったのが、さすが街中、すごい渋滞で間に合わず、取り逃がしてしまった。あまりの悔しさに、訪問最終日に待ち伏せを試みたのだが、数時間待ったものの列車は現われず…　もう一度訪問すべし、という啓示だとよきに解釈している次第だ。

左は辛うじて撮影できた同伴者の写真と、わざわざ超ワイドレンズを駆り出してまで撮りたかった写真。但し列車なし。

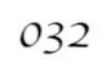

B792

N F
792
HAWKEYE
MINIDOR

スクナまでの道は、平坦で道路脇の街中を走る。先の鉄橋で撮り逃がした通り、クルマの往来も多く写真撮影には運も大きな要素になってくる。けれども、その分ハプニングも多く、それもまた面白かったりする。

ニワトリが横切り、犬が走り、サリー姿の女性が行き交った向こうに汽笛が聞こえる。列車が近づいても街中の普段の情景は一向に変わる気配がない。レンズ越しに列車の姿が捉えられてもなお、まったく日常なのだろう。

こちらが心配になるほど近くにやってきて、それこそ蒸気機関車の温もりが感じられるのではないか、という位置関係になると、さっと線路はクリアになり、列車が過ぎ去ったあとはまたナニゴトもなかったかのように平常に戻る。そんな情景がわれわれを虜にするのだった。

XEROX
COURIER
STD
ISD

DOUBLE
BONANZA

SUKNA

■ スクナ駅

　街を走って着いた最初の駅がスクナである。この駅はかつて木材搬出の森林線が分岐していて、ちょっとしたヤードも広がっていた、という。立派な駅舎があり、そこに「一等車乗客待合室」があったりするのは、その名残りというものだろうか。人の往来も盛んで、珍しく蒸気機関車の列車が停まったりすると、どこからともなく人が集まってきたりする。

　構内のダージリン寄りには給水タンクがあり、蒸気機関車はひとまず水を補給する。シリグリ・ジャンクションから10km、まだいくらも走っていないのにと思うのだが、ここから先、いよいよ山に向かって上り勾配に掛かるのだ。

पू. सी.
AWKEYE

ダージリンへの道
DHR、山に挑む

MAHANADI
TINDHARIA
RANGTONG
GAYABARI
KURSEONG
SUKNA

RANGTONG
■ ラントン駅

スクナを出ると急に人家がなくなり、辺りは一気に森の中、といった風景になる。サラノキ、ターミナリア・トメントーサ（和名：クチナシ・ミロバラン）、ディレニア・ペンタジーニャ（karmal、ビワモドキ）という樹木がこの周辺の森を構成している、という。サラノキ（沙羅の木）は沙羅双樹とも呼ばれ、無憂樹、菩提樹と並ぶ仏教三大聖樹。暑く温暖な気候のもと、樹々は背が高く、見上げても遥か先に空が覗くといった風。

その間を道路と絡みながら線路はつづく。ラントンは森のなかにある小さな駅であった。

WATER CHARGE

■ 給水ポイント

ラントン駅を出て少し走ったと思ったら、列車は森の中で停車する。約１マイルほど先に給水ポイントがあるのだ。道路の脇、一段低いところを走る線路脇に給水タンクが建っている。駅でもないこの位置に給水塔が設けられたのは、なんでも近くに沢があって、つねに水の確保ができるからだそうな。

そろそろ山に向かって上り勾配がつづく区間のはじまるところで、小休止というのもその理由かもしれない。絶え間なくつづいていた蒸気機関車の排気音が途絶え、一気に静寂が訪れた。

CLIMBING

■ 大勢の力で山に挑む

いよいよ山道に掛かってきた。「B クラス」蒸気機関車のドラフト音が辺りに谺し、DHR の本領発揮というような情景がつづく。あくまでも等高線に忠実に、右に左にカーヴを繰り返しながら、小さな谷を越え、山肌に取付いて走る。

フロントデッキに乗り込んだふたりの「サンドマン」が線路に砂を撒き、スリップを防ぐ。一方、コールバンカーに乗り込んだ「コールマン」は石炭の大きな塊をハンマーで小さく砕いてキャブに送り込む。

機関士に、機関助士にブレーキマンに… たくさんのヒトによって機関車は動かされているのだった。

8792

N F
792
HAWKEYE

LOOP NO.1

■ チュンバティ・ループ

急勾配のヘアピン・カーヴで越えていく道路に対して、DHR の線路はぐるりとループを描いて高度を稼ぐ。いま陸橋の下から顔を出した機関車が、ひと回りして上の陸橋に現われたりするシーンは、まるで模型を眺めているようだ。

チュンバティ周辺は開発が進んでいるらしく、学校帰りの女子高生が、列車には見向きもせずに歩いてきた。

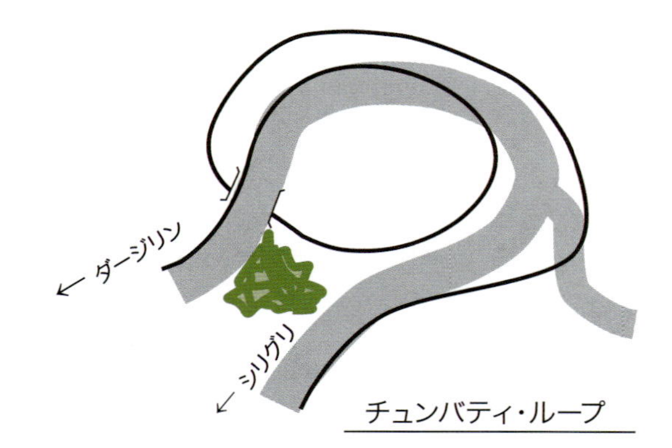

N F
HAWKEYE

TINDHARIA

■ ティンダリア駅

3つ目のスウィッチバックを越えた列車は、ふたたび等高線をなぞるようにして走る。モンスーン被害で5年近く不通になっていて、この日開通したばかりの区間、ティンダリアの工場脇をぐるりと半周して、もう一度ヘアピンで向きを変えたところにティンダリアの駅がある。

ティンダリアは開通間もないころから工場のある、鉄道の中心ポイントのひとつになっていた。駅に入る少し前に車庫を通過したのだが、そこが当初の工場で、いまは車庫として使われている。

GAYABARI

■ ガヤバリ駅

ガヤバリの駅は大きく線路が迂回した先端にある。ちょっとした集落があり、列車が到着するとどこからともなく人が集まって歓迎してくれる。それもそうだろう、5年近くも線路が不通になっていて、この日、ようやく開通したばかりだったのだから。

ここからカルシャンまで、直線距離では5kmほどなのだが、等高線に忠実に大きく迂回して駅間距離では14km、1時間ほども掛けて走る。

SWITCHBACK

■ スウィッチバック

道路の一段下を走ってきた線路が家並の向こうで行き止まりになる。一番後の客車から身を乗り出した車掌が打ち振る緑の小旗に先導され、列車はゆっくりと後退をはじめる。そのままバックで切り替えられたポイントを渡って、道路を横切って勾配を上る。この道路の横切る前と後でもかなりの高低差がついている。そのまま勾配に力行する機関車、サンドマンはふたりとも機関車の方を向いている。上りきったところで、もう一度向きを換え、道路よりも上を走る線路に。その機関車を見上げるようにしてふたたびあとを追うのだった。

DHRには6カ所ものスウィッチバックがある。英語では「ジグザグ」と呼ぶことも多いのだが、DHRの看板には「リヴァーサルス」と書かれていた。

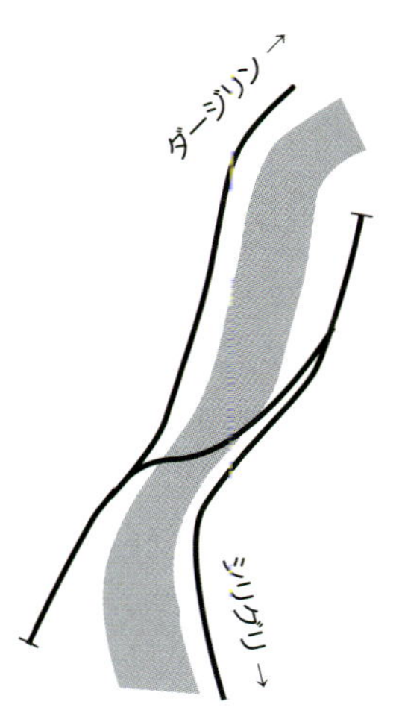

スウィッチバック No.4

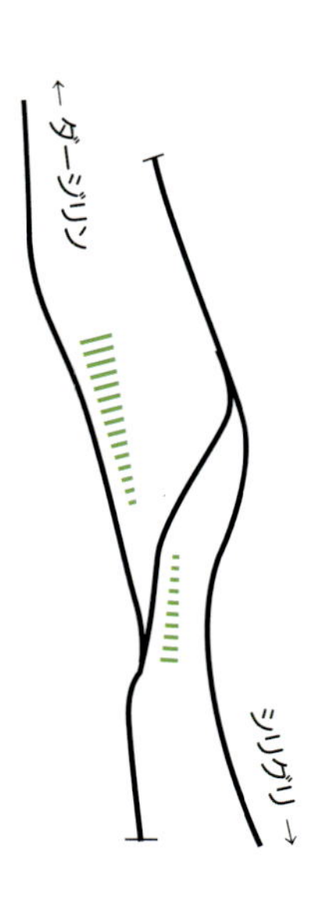
← ダージリン
シリグリ →

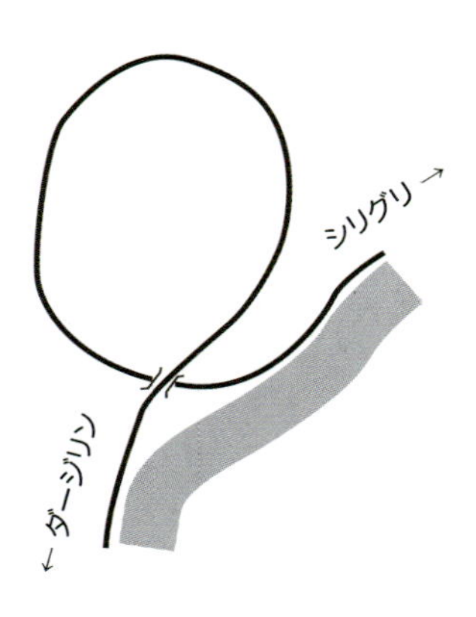

アゴニイ・ポイント・ループ

LOOP NO.2

■ アゴニイ・ポイント・ループ

ティンダリア〜ガヤバリ間に「No.2」ループ、アゴニイ・ポイント・ループがある。道路と絡むことはなく、ループの中は公園になっており、ティールームもあったりする。シリグリから走ってきた列車は、アゴニイ・ポイントで日暮れを迎えた。前照灯を点し、小休止ののちカルシャンを目指して走り出した。

とつぜん列車が停止した。どうやら蒸気漏れが激しくなってきたらしい。道路脇の線路に停まったまま、応急修理に掛かる。それぞれの持ち場があるのか、火床を整理するもの、石炭をくべるもの…

シリンダ上部を増し締めし、給油するなどしてどうやら走れるようになったらしい。暗闇の中を、終着目指して最後の奮闘をみせるのだった。

पू. सी.

カルシャンに着いたのは、もうすっかり夜の帳がおりた時刻であった。駅の向こうの高台には家の明かりが煌めいていたが、その全貌は翌朝まで知り得なかった。

到着した列車はとなりの線に移動して客車はそのまま留置、機関車はヤードの向こうにある機関庫に帰って行った。

ダージリンへの道

DHR 天空の路

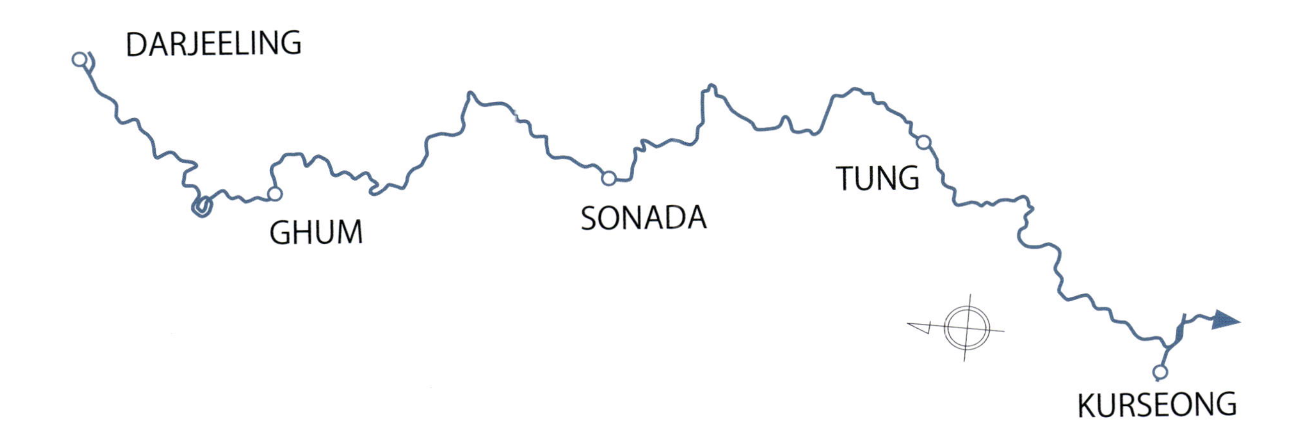

KURSEONG DEPOT.

■ カルシャンの朝

標高 1482m、シリグリ・ジャンクションを出て49km の地点にあるカルシャン。最初に開業したときの終点であったカルシャン駅は、行き止まり駅になっている。道路端にヤードがあり、駅の反対側には二線の小さな機関庫もある。

そのカルシャンの朝は白い霧に包まれていた。電灯の点っていた小さな機関庫では、すでに出発の準備が進められていた。朝のダージリン行列車のためだ。機関車の残した残灰を暖房用に持ち帰る人もいたりして、いつもの朝の日常なのであろうことを思わせる。

KURSEONG
4864 Ft
LR-147

DHR

← ダージリン

新旧の看板

シリグリ →

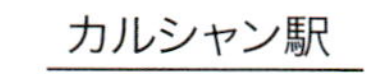
カルシャン駅

LMB LODGE
KURSEONG
B792

HAVELLS

KURSEONG

■ カルシャン発車

行き止まり駅であるカルシャン駅からダージリン方面に向かう列車は、スウィッチバックのようにして発車していく。つまり、緑の旗を持った車掌に誘導され、行き交うクルマや人などを遮っていったん推進運転でヤードまでやってくる。ヤードに出た列車は、ポイントを切換え、向きも変えてダージリンに向かうのだ。

カルシャンを出てまず目にする情景は「軽便好き」にはとても魅力的。商店街の軒先をかすめるようにして、道路脇を進んでいくのである。クルマはダージリン方面への一方通行。朝の列車はまだそれほどでもないが、午後の列車など多くの買い物客、線路間際まで迫っている出店など、まさしくカオスの情景。DHRのもうひとつの「顔」が見られるのだった。

TUNG

■ トゥング駅

「ヒルカート・ロード」の脇に給水塔がひとつ。そこに描かれた駅名標のとおり、ここがトゥング駅であった。初期には「Toong」という綴りだったが、いつからか「Tung」になった。

カルシャンからずっと登りをつづけてきて、ここからいっそう厳しい山道に掛かる手前の駅。蒸気機関車は給水をはじめとして各部の点検が忙しい。オイルカップにはオイルを補給し、異常な発熱がないかもチェックして回る。

この辺りからの標高1500mから2000m超に至る線路はまさしく「天空の路」。湿度の高い天候も相俟って、機関車は蒸気に身を包まれるようにして、神秘的なシーンをつくり出す。右に左にくねる線路は、森の間を走って小さな沢を越え、ときにふいに現われる寺院やストゥーパ（仏塔）に目を奪われる。ストゥーパは日本語の卒塔婆の語源ともいわれているものだ。その前も、蒸気を身に纏った列車が通過していく。

HA

B792

5792

B792

寺院の前を横切り、ストゥーバを横に見つつ…

「サンドマン」は砂撒きに忙しい。

■ Ghum~Batasia

通り過ぎていった列車、振り返ると機関車は蒸気にすっぽり包み込まれていた。

SONADA

■ ソナダ駅

標高 1900m の街、ソナダ。ずっと上り勾配に奮闘してきた蒸気機関車に、ようやく静寂が訪れたのはソナダの駅であった。

道路端に給水塔があり、その奥に駅舎と短いホームがあるような、あまり駅らしい印象はない。しかし周囲はそこそこの街で、付近にはいくつもの教会、修道院をはじめとして、公園、高校などもある。朝のこの時間帯は高校生や僧侶など多くの人が行き交って賑わいをみせていた。

たっぷりを水を補給した機関車は、ふたたび最後の登り坂に挑むのであった。

घुम
घुम
GHUM
ALTITUDE 2257.65M
ESTD.Sec.1881
ESTD.BLDG.1891

GHUM
■ グム駅

島式のフォームがそのまま駅舎のようになっている、珍しいスタイルのグム駅。2257m の高さにある DHR 最高地点の駅である。かつては駅の両側に機関庫と貨物ホームを持つ倉庫が建っていたが、機関庫は道路と商店に、貨物倉庫の部分は「DHR 博物館」になっている。

2 面あるホームは列車交換が行なわれるだけでなく、「ダンゴ列車」の場合は両側に同方向の列車が停まったり、その外側にある側線がホームのない停車場になったりする。

博物館は 2001 年にオープンしたもので、屋外にはいくつかの車輌が展示されている。「Baby Sivok (Sevoke)」と名付けられた小型機は 1881 年（!! まだコッペル社は設立前だ）独コッペル社製の B タンク機と書かれるが実は 1911 年製。長くシリグリに置かれており、いちど走行可能なまでにレストレイションされたことは解っているが、詳細は不明だ。

■ Ghum~Batasia

憧れていた「ダンゴ運転」を想像しながら、山肌にはり付くように走るDHRの列車を定点撮影した。ドラフト音が山に谺し、一向に近づいてはこない列車を、長い時間、音と目で楽しむことができた。

DHR

LOOP NO.3

■ バタシア・ループ

いまや沿線随一の観光名所のようになっている「バタシア・ループ」。ループに囲まれた中は公園として整備され、記念碑も建てられている。また運がよければカンチェンチュンガ（8478m）を主峰とするヒマラヤの山並みが眺望できることから、臨時の停車場までが設けられている。

想像とは逆に、ダージリンに向かっては下りのループで、一周した線路はアンダークロスし、さらに裾を半周して、ダージリンに向かう。したがって、シリグリ方面行、バック運転の列車が力行をみせてくれる。

下はそのクロス部分で、鉄橋と並行して人道の陸橋もつくられている。

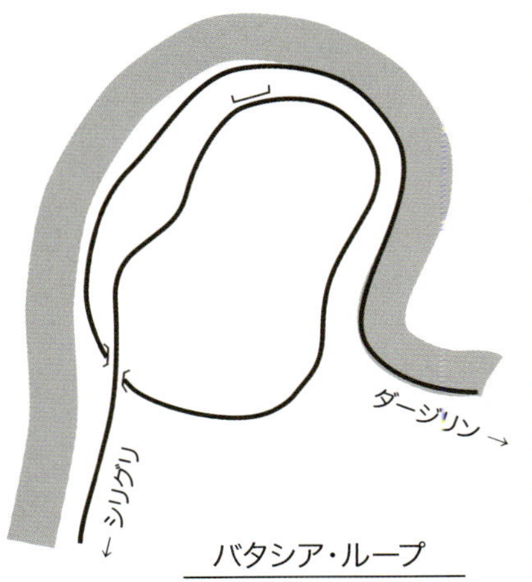

B792

WNC 5147
POLICE

「バタシア・ループ」を過ぎたあとは楽な道。ダージリンが近づくと急に街並がつづくようになって、DHRの線路は軒先をかすめるようにして、一気にダージリンの駅へと滑り込むのだった。

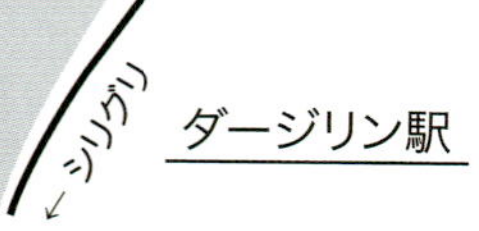
← シリグリ
ダージリン駅

DARJEELING

■ ダージリン駅

終着ダージリンは想像するより遥かに大きな街である。日本でいうところの軽井沢を想像してしまうのだが、どことなく気品のようなもののある街でもあった。2本の島式ホームを持つちょっとしたビルがダージリン駅。道路を挟んだ向かい側に細長い機関庫がある。駅脇の線路は、かつて「バザール線」として貨物輸送に使われていたが、いまはその名残りが少し残っているだけ。

ダージリンが近くなると、線路の両側は建物がつづき、その中を走る線路は実に面白い風情がある。

駅は街の入口といったような場所で、奥深くまで街並がつづき、観光地として見るべきものも少なくない。

HAWKEYE

ダージリン・ヒマラヤン鉄道

DHRの機関車

ダージリン・ヒマラヤン鉄道（DHR）といえば、独特のスタイルをした蒸気機関車が思い起こされる。1892年製というから、実に車齢125年を越える779、780号機を筆頭に、現在も残る蒸気機関車は全部で14輛。すべてが「Bクラス」と呼ばれる、同型の14t級Bサドル・タンク機である。

急曲線、急勾配がつづく山岳鉄道であるDHRだけに、特別な仕様が必要なことは理解できるが、それにしてもBクラスのディメンジョンは特徴的だ。ホイールベース1676mm（5フィート6インチ）に対し、全長はその3倍以上、5878mm（19フィート3 7/16インチ）もある。それにボイラーの上に跨がるサドル・タンクは重心を高くするのではないか？

長いDHRの歴史のなかで、実際に使われた機関車は3タイプ。最初の2タイプはそれぞれ8輛ずつの小型のサイド／ボトム・タンク機関車。今ひとつの使い勝手を解消するために、増備機に1886年、サドル・タンクを追加改造したところで、基本スタイルができ上がった。そもそも建設に用いられた機関車が英国マニング・ワードゥル社製のBサドル・タンク機で、サドル・タンクに経験があったからかもしれない。

基本的に「Aクラス」と呼ばれた増備機の改造後の姿をひと回り大きく、14t級にしたものが「Bクラス」といっていい。

近年の姿を中心に「Bクラス」を紹介すると、動輪直径はφ660で、いわゆるアウトサイド・フレーム。サドル・タンクのほかに台枠の間にボトム・タンクも備え、400ガロン（約1820ℓ）の水を貯える。ボイラー上に備える炭庫の容量は0.75tだ。炭庫は増量され、その改造あとは各機ヴァラエティに富んでいる。キャブは依然として後部がオープンのままだが、サイドは少し炭庫から伸びる覆いがあったりする。

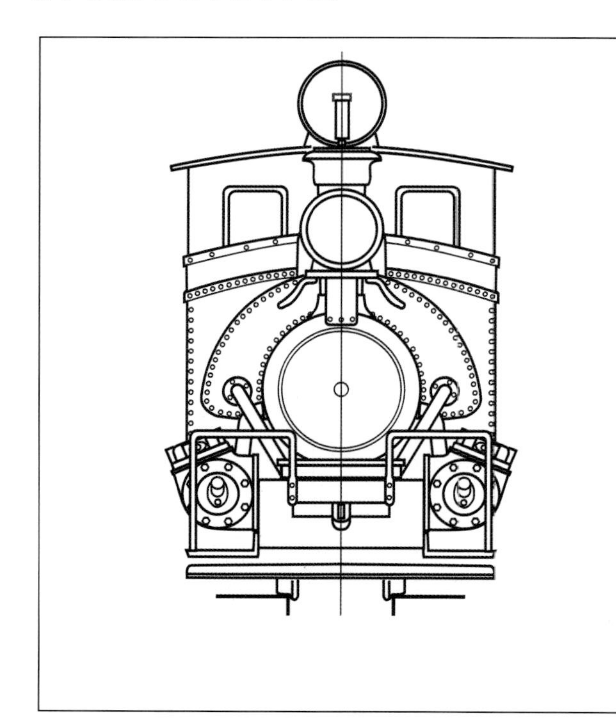

当初は 17 ～ 53（途中他型式あり）の番号だったが、インド国鉄が発足し国有化された後は、777 ～ 806 の番号に改番された。796 ～ 806 の 11 輛は森林線のために、第一次大戦後に増備されたものだ。

「B クラス」以外の機関車として、「D クラス」31 号機（1911 年、ベイヤー・ピーコック社製）の B+B ガーラット式機関車が試用されたこともある。

また、2002 年には 787 号機を重油焚きに改造、また 2005 年には 1001、1002 号機の 2 輛の重油焚き機を新製したが、結局はディーゼル機関車を導入したことから、石炭焚きに戻された。787 号機は改造途上、1001 号機は 2007 年に改造して 01 号機と改番された。

全線往復の定期直通列車はディーゼル機関車牽引になっているが、カルシャン～ダージリン間や全線のチャーター列車などで、9 輛が使用中（2015 年 12 月）となっている。

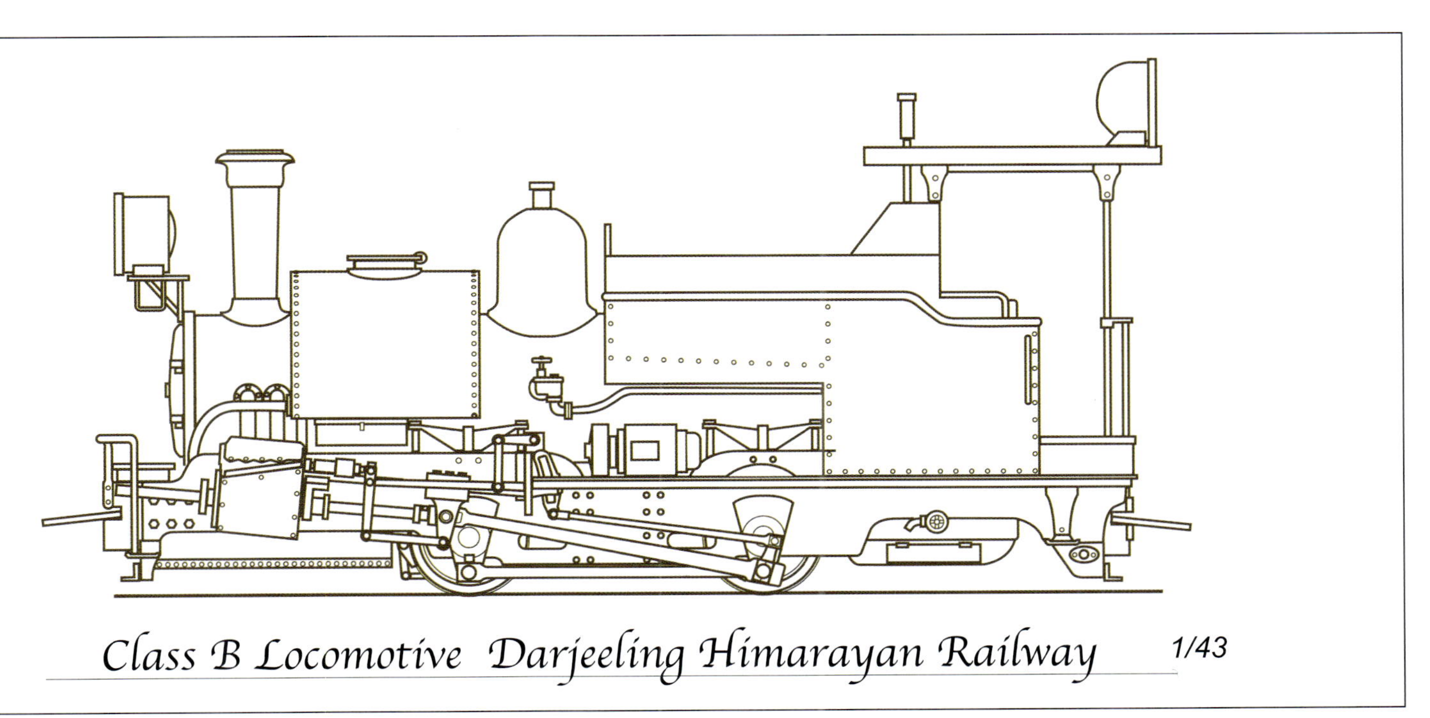

779
B

1892年、英国シャープ社製。Bクラスとして送り込まれた最初の一群の1輛。愛称「ヒマラヤン・バード」。それを象徴する鳥の彫刻がシリンダ部分に彫られている。煙突部分の飾りなど、クラシカルで人気の機関車。

780 B

779 号機と連番の 1892 年製。愛称は「グリーン・ヒルズ」だが、煙室扉には「VEESONS」のプレートが付く。炭庫部分の帯がリヴェット留。以前は「GREEN HILLS」のプレートと「WANDERER」のペンキ文字がキャブ下方に描き込まれていた。

B クラスの第一陣ではあるが、製造年は少し遅れて 1899 年製。シリグリの庫でオーヴァホール中とされていた。シリンダ部分には左のような日の丸風の飾りがあった。

786
B

Bクラスの第二陣として1輛だけが追加輸入された。シャープ社は合併により、ノース・ブリティッシュ社になっていた。火室周辺はじめ、随所が赤塗りされている。前照灯が後部の丸いタイプ。

787
B

重油焚き試作機として改造されるも、結局はディーゼル機関車導入でご覧の状態。書類上は、石炭焚きに戻すべく改造中となっていた。キャブ室内上部に重油注入用か、スウィッチが数多く残っている。

788
B

787 号機と連番でつくられた 1913 年製。こちらは改造されることなくダージリン庫に配属されて活躍中。

791
B

シリグリ庫にあって修理中の791号機は1914年、ノース・ブリティッシュ社製。ベルペア式の火室の持ち主で、後部の前照灯は取外されていた。ティンダリアでフレーム・リビルト1963年、全体リビルト2004年のプレートがある。

792
B

米国ボールドウィン社1917年製3輌のうち、唯一残る792号機。煙室前面周囲や炭庫周辺など、白い縁取りがされている。炭庫周りも改造されて一枚板になっているだけでなく、サドルタンクもリヴェットなし。愛称「鷹の目」。

795 B

ティンダリアの工場で修理中の795号機。スティームドームの外皮も外されている。もともとが部品はノース・ブリティッシュから購入して組立てたティンダリア工場製。

802 B

かつてスクナ駅から伸びていた森林線のために増備された機関車。「ヴィクター」の愛称を持ち、ダージリンに配属。ベルペア式火室を備える。

804 B

ティンダリアの庫で修理中であった804号機は、煙室扉周りのクリートが特徴的であった。サドルタンクとボトムタンクを結ぶパイプが鮮やかな赤に塗られているのが目に付く。1925年製造。

806 B

Bクラスのラスト・ナンバー機。804号機と同じ「Queen of Hills」の愛称を持つ。前後の前照灯にひさしが付いている。2008年にボイラー交換という記録がある。

805 B

同じく1925年、ノース・ブリティッシュ社製。製造番号と機関車番号は入れ違っている。キャブ下方に「SOLDAT」の文字がある。

गोरखा जनमुक्ति मोर्चा
महानदी-तीनधारे
कार्यलय, घैयाबारी
पू. सी.
806

01 B

1001 号機として 2003 年にティンダリアで製造。当初は重油焚きの機関車としてつくられたが、現在石炭焚きに改造中とのことで、シリグリ庫に置かれていた。ナンバーは 01 に改番されている。

DHRの蒸気機関車

番号	愛　称	製造年	製造所	製造番号	配属	現状	記　事
779	Himalayan Bird	1892	Sharp Stewart	3882	KGN	working	
780	Green Hills	1892	Sharp Stewart	3883	DJ	working	
782	Mountaineer	1899	Sharp Stewart	4561	SGUJ	POH	
786	Ajax	1904	Sharp Stewart	16212	DJ	working	
787		1913	North British	20143	TDH	under conversion	改造中、もと重油焚
788	Tusker	1913	North British	20144	DJ	working	
791		1914	North British	20640	SGUJ	under repair	修理中
792	Hawkeye	1917	Baldwin	44912	DJ	working	
795		1919	Tindharia		TDH	POH	
802	Victor	1927	North British	23678	DJ	working	
804	Queen of Hills	1925	North British	23302	TDH	under repair	修理中
805		1925	North British	23300	SUGJ	working	
806	Queen of Hills	1925	North British	23303	SUGJ	working	
01	Tindharia	2003	Golden Rock（Tindharia）		SUGJ	working	もと1001、重油焚

POSITION OF NG LOCO.

NDM6 DIESEL LOCO

S/No.	LOCO NO	DATE OF COMMISION	DATE OF RE-DISCING	DATE OF WHEEL TURNING	B-CHECK SCH.	C-CHECK SCH.	D-CHECK SCH.
1.	601	05.05.2006	17.1.15		20-11-15	15-1-14	
2.	602	01.07.2006			[illegible]-11-15		
3.	604	12.12.1999	23.03.2010		[illegible]-10.15		28.02.2014
4.	605	02.03.2004			[illegible]-15		
5.							
6.							
7.							

B-CLASS STEAM LOCO

S/No.	LOCO NO	SHED	REMARKS	LAST POH	POH DUE
1.	779	KGN	working	30-09-11	09-15
2.	780	DJ	working	[illegible]	12-14
3.	782	[illegible]	POH 01-11-14	[illegible]	[illegible]
4.	786	DJ	working	[illegible]	[illegible]
5.	787	TDH [illegible]	Under conversion		
6.	788	DJ	working	[illegible]	[illegible]
7.	791	SGUJ	[illegible]	[illegible]	[illegible]
8.	792	DJ	working	[illegible]	[illegible]
9.	795	TDH W/shop	POH	[illegible]	[illegible]
10.	802	DJ	working	[illegible]	09-14
11.	804	TDH	Under repair [illegible]	[illegible]	[illegible]
12.	805	SGUJ	working	[illegible]	[illegible]
13.	806	SGUJ	working	[illegible]	[illegible]
14.	1001	SGUJ	working	19-09-13	09-17
15.					

SHED WISE POSITION	
SHED	NO OF LOCOS.
SGUJ	[illegible]
TDH (Loco)	01
KGN	01
DJ	05
TDH-W/S	02

REMARKS :-

凡例：配属SGUJ=シリグリ、KGN=カルシャン、DJ=ダージリン、TDH=ティンダリア工場、現状POH=オーヴァホール中。現状は、シリグリの司令室の表（左）から。

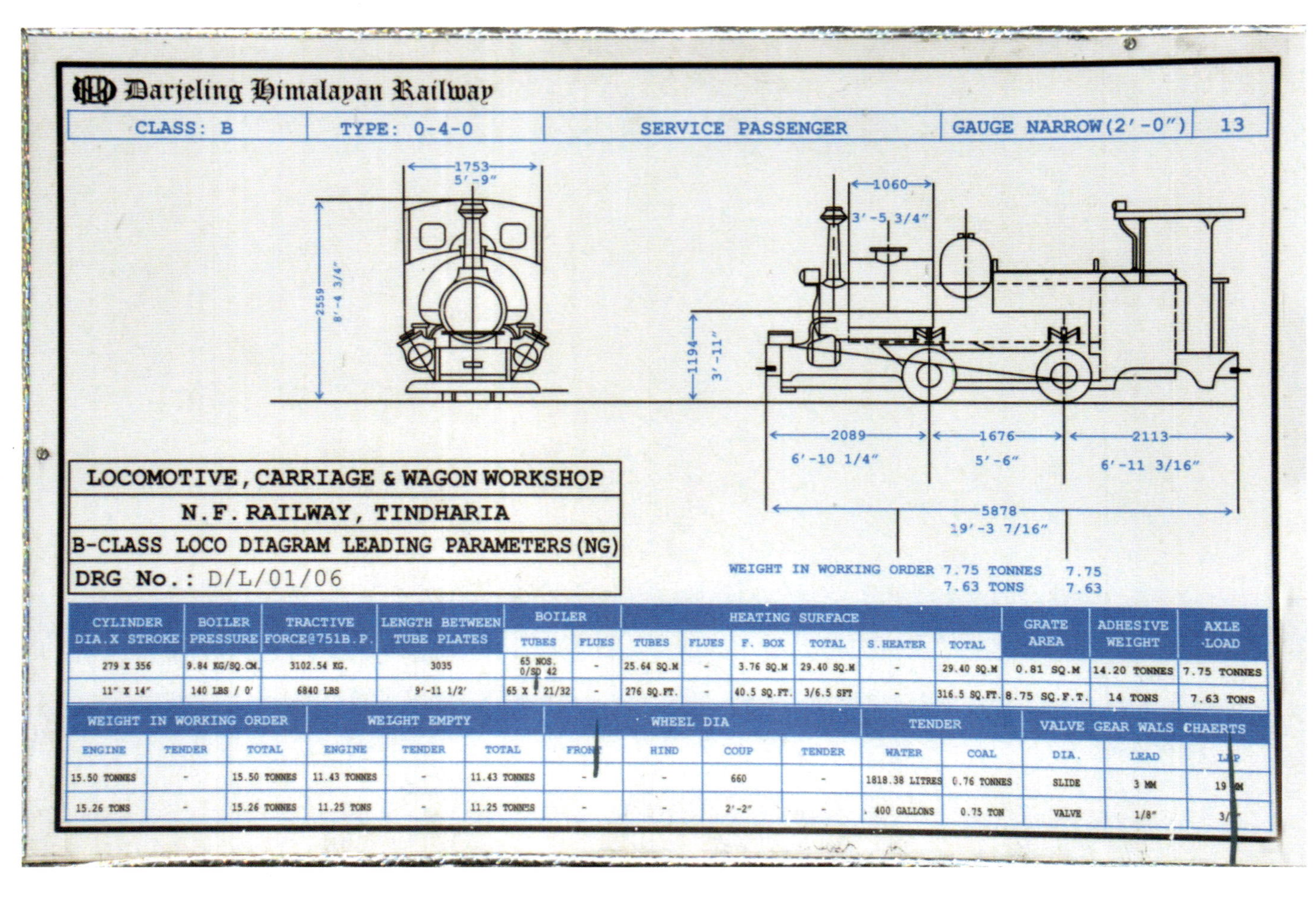

Darjeeling Himalayan Railway

CLASS: B	TYPE: 0-4-0	SERVICE PASSENGER	GAUGE NARROW (2'-0")	13

LOCOMOTIVE, CARRIAGE & WAGON WORKSHOP

N.F. RAILWAY, TINDHARIA

B-CLASS LOCO DIAGRAM LEADING PARAMETERS (NG)

DRG No.: D/L/01/06

WEIGHT IN WORKING ORDER 7.75 TONNES 7.75
7.63 TONS 7.63

CYLINDER DIA. X STROKE	BOILER PRESSURE	TRACTIVE FORCE@751B.P.	LENGTH BETWEEN TUBE PLATES	BOILER		HEATING SURFACE						GRATE AREA	ADHESIVE WEIGHT	AXLE LOAD
				TUBES	FLUES	TUBES	FLUES	F. BOX	TOTAL	S. HEATER	TOTAL			
279 X 356	9.84 KG/SQ.CM.	3102.54 KG.	3035	65 NOS. O/SD 42	-	25.64 SQ.M	-	3.76 SQ.M	29.40 SQ.M	-	29.40 SQ.M	0.81 SQ.M	14.20 TONNES	7.75 TONNES
11" X 14"	140 LBS / 0'	6840 LBS	9'-11 1/2'	65 X [illegible] 21/32	-	276 SQ.FT.	-	40.5 SQ.FT.	3/6.5 SFT	-	316.5 SQ.FT.	8.75 SQ.F.T.	14 TONS	7.63 TONS

WEIGHT IN WORKING ORDER			WEIGHT EMPTY			WHEEL DIA				TENDER		VALVE GEAR WALS CHAERTS		
ENGINE	TENDER	TOTAL	ENGINE	TENDER	TOTAL	FRONT	HIND	COUP	TENDER	WATER	COAL	DIA.	LEAD	LAP
15.50 TONNES	-	15.50 TONNES	11.43 TONNES	-	11.43 TONNES	-	-	660	-	1818.38 LITRES	0.76 TONNES	SLIDE	3 MM	19 [illegible]M
15.26 TONS	-	15.26 TONNES	11.25 TONS	-	11.25 TONNES	-	-	2'-2"	-	400 GALLONS	0.75 TON	VALVE	1/8"	3/[illegible]

ダージリンへの道

DHR、旅日誌／趣味話

ダージリン６泊７日鉄道三昧トゥアー

それは2015年11月から12月に掛けて、ごく少人数のトゥアーを行なった。トゥアーといっても、斯界では知られた軽便鉄道の大先輩、梅村正明さんの呼びかけで集まった４人。イノウエが「ツアコン」の役を仰せつかって、プランニングから一切を任され、われわれ夫婦と計６名の「プライヴェート・トゥアー」となったのであった。インドの旅行社を使い、シリグリ〜ティンダリア間で蒸気機関車牽引の「チャーター列車」を走らせる。それには乗車せず、クルマで併走して撮影。その後ダージリンにも宿泊し、カルシャン〜ダージリン間で運転されている定期列車、観光列車を撮影する鉄道三昧の一週間。しかし、自画自賛するわけではないが、なかなか効率よく、しかも存分に楽しめた６泊７日はひとつのモデル・プランといってもいい。その旅日記である。

11月29日（日）晴

エア・インディアAI307便、これは直行であることとインド国内便に乗継ぐことから、現地旅行社が薦めてくれた。成田発11時30分。デリーまで約９時間のフライト、時差は３時間30分。デリー着18時00分。

日の暮れたデリー、まあ混沌とした街をどちらに向かっているのかも解らず、ただただクルマの後席で身を任せるしかないのだが、10分ほどで到着したのは、「シティパーク・ホテル富士」。日本人スタッフが常駐することもあって、どうやら旅行社が気を利かせてくれたようだった。一行は旅慣れたヒトが多く、なにも日本食でなくとも、という声もあったのだが、天丼、親子丼、チキン・カレー、いずれも日本風の味で、フライトの疲れも解消というもの。まずは、インドでの第一夜を過ごすのだった。

11月30日（月）晴

明けて翌朝も、海苔にお新香までついた「和定食」で、どこにいるのだか解らぬような…

だが、間違いなくこれから目指すダージリン・ヒマラヤン鉄道、DHRの地に向かうのだ。

デリーからエア・インディア国内線でバグドクラまで飛ぶ。11時00分発13時00分着、ちょうど２時間のフライト。早速カレーの機内食に、おお、インドに来たと感激したりして。

バグドグラはネパールとバングラディシュに挟まれ、わずか数十キロと狭くなっている部分の真ん中にあり､空軍とも共用する空港。ちょうどダージリンの真南の最寄り空港だ。

バグドグラの空港では、なにやら空港職員を名乗る男が現われ、バゲージ・タグを寄越せ、という。いささか面食らうが、荷物受取場でわれわれの荷物をピックアップし、カートに乗せて外まで運んでくれる。チップを要求されるかと思いきや、彼らは空港職員だから不要、と。ありがたいもののちょっとキツネにつままれた心地で、なにはともあれ空港ビルの外へ。

そこで待っていた現地ガイド氏によれば、職員以外はビル内に入ることが許されておらず、こういうシステムなのだ、という。そこで初対面のガイドと運転手兼ボスというような人を含め全部で４人＋２台のクルマとご対面。われわれ６人は分乗して、まずはシリグリの機関庫に向かう。

１時間ほど、渋滞を避けて裏道に迂回したりしながら機関庫に到着。火の入れられた蒸気機関車の姿に、心が和む。もちろんちゃんと走っていると解ってはいたのだが、やはりこうして煙を上げている機関車を実際に見ると安心するものだ。明日、われわれのチャーターする列車の牽引は 806 号機らしい。車輪を外した 01 号機、火を落とした 791 号機を確認した。

庫のなかを巡っていると、展望車「エヴェレスト」とともに「ヒマラヤン･プリンセス」という貴賓車を発見。「エヴェレスト」の方は片方の台車を外してなにやら作業中。貴賓車の方は室内入室禁止、とのこと。覗き込むように写真を撮って、ひとまずシリグリの庫を辞す。

本日はバグドグラの小綺麗なホテルに泊。

12 月 1 日（火）

朝食は英国式のブレックファスト。フライドエッグ･ウィズ･ベーコン、カリカリのトースト、モーニング・ティという満足至極のメニュウだった。

列車をチャーターして走らせ、それをクルマで追い掛けて撮影しよう、というなんともお大尽なトゥアー。そうでもしないと、街中で走る蒸気機関車は撮影できないのだ。しかし、こうしたチャーター列車はなん人か集まれば、費用的にもさほど無理することなく走らせられる。乗車トゥアーとして利用する観光客も少なくない。

まずは、出発前のようすを見にいこうと、昨日と同じルートでシリグリの機関庫へ。そこでは、すでに列車が仕立てられ、806 号機の牽く 602 ＋ 153 という編成が、出発の準備中であった。

なにやら、予定の９時から１時間遅れで運転する由。その理由はすぐに理解できた。

シリグリの庫。機関車の脇に牛。中は展望車「エヴェレスト」。下は機関区長とわれらが団長、梅村正明さん。

上は貴賓車「ヒマラヤン・クウィーン」とその室内。下、本線脇で保線作業が行われる。

ディーゼル機関車が２輛の貴賓車を含む４輛編成の列車を牽いて走ってきた。会社の偉いさんや地元の名士を乗せた臨時列車のようだ。きのう、一所懸命修理していたのは、これに間に合わせるためだったのだ。その臨時列車が大きな意味を持つものだということはその日の夜に解ることになる。

なんと、それまで 2010 年のモンスーンの土砂崩れでずっと不通になっていた線路が、この日 12 月１日に復旧、ようやく全線開通した。TV、新聞でそのことを知り、幸運な日に訪れたものだ、とちょっと感激したのだった。

話を戻して、列車と並走写真を撮りたい旨、伝えておいたらこの日、２台のワンボックスとは別にフルオープンのジープも用意してくれていた。

本線とのクロス、鉄橋の手前、クスナの手前、クスナ駅、ここからは交通量もグッと減ることから、ほとんど列車と並走して撮っては追越し、撮っては追越し、時には機関車に近寄って手を伸ばせば届くような至近距離から走るシーンを撮影したりした。途中、給水のために停車などを含め、それこそ各駅間、10 時 30 分シリグリ発〜 14 時 30 分ガヤバリ着の全４時間の行程でもうお腹いっぱいになるほどのポイントで撮影を果たす。

この日、不通区間があったことからティンダリアの手前までの予定だったチャーター列車だが、全線開通したことから次のガヤバリ駅まで走ってもらえることになった。この区間にはスウィッチバックやループがある。嬉しい限りだ。

ガヤバリでは、機関車を付換えると回送列車としてシリグリへ戻る、という。これは追い掛けねば。気がつけば昼食を摂っていないし、追い掛ければその時間がない。次のティンダリアまで列車に乗って、ガイドの用意してくれたランチボックス、という妙案で解決することにした。撮るだけで乗りもしないのは…　という気持ちも、これで解消できる。

楽しい「汽車弁」の旅､約 30 分ほどでティンダリアに到着。ここからの遠望は素晴らしい。西に向かって走った線路は等高線に沿ってヘアピン・カーヴで向きを変え、駅の遥か下を逆向きに走ってくる。そして、こんどはティンダリアの工場をぐるりと回ってもう一段下を左に通り過ぎていく。その先では「第三スウィッチバック」があって、もう二段階高度を下げるところまで見通せるのだ。この間、１時間近く、遠くに去っていく列車が楽しめたのだった（次ページのパノラマにまとめた）。

しかし、欲張りなわれわれはその足で、もう一度追い掛けることを試みる。道路は決壊したままなので、難儀な迂回路を通らねばならないのだが、列車撮影のためなら厭うことはない。

ラントンの駅近くで追いつき、暮れなずむなか、さらに数カットを撮影して麓のクスナに着く頃にはすっかり真っ暗になっていた。きょうの宿は、ガヤバリよりさらに先、山上のカルシャン。申し訳ないことにいま一度難儀な迂回路を通って、カルシャンのホテルに。疲れるも満足の一日であった。

12 月 2 日（水）薄曇り

昨夜は真っ暗で解らなかったが、翌朝、カルシャンの駅に出向くと、いつもと変わらない賑やかさのなかで活気に溢れる情景が広がっていた。出発前、ホテルには大きな機関車の模型や、機関車を模したテントなどがあって、嬉しくさせてくれる。カルシャンは DHR とともに発展してきた街、という印象である。

最初の開通のとき終点だったカルシャンはそのまま行き止まりの駅で、ダージリン行の列車はいったんバックでヤードまで出て、その後ダージリンに向けて街中の「路面汽車」となって進むのだった。ヤードの反対側には二線の小さな機関庫。シリグリからの線路はその脇を走ってカルシャンの駅に滑り込む。ヤードは線路を増線するのか、工事中だった。

カルシャン〜ダージリン間、グム〜ダージリン間には蒸気機関車の牽く列車も設定されていて、それを迎えに、なにはともあれ「バタシア・ループ」を目指す。

HC panel for MPS cases

TOY TRAIN SERVICE IS BACK

左は 12 月 1 日に運転された臨時列車。昨日、まだ台車を外した状態だった「エヴェレスト」が最後尾に連結されていた。開通記念の特別列車だった。中 2 点はカルシャンの宿の従業員通用口のテントとラウンジにあった模型。DHR あっての観光需要、という印象がひしひし。下はカルシャン駅構内と工事中のヤード。なんとものどかな情景が広がっていた。下には線路曲げの「ジンクロ」が。

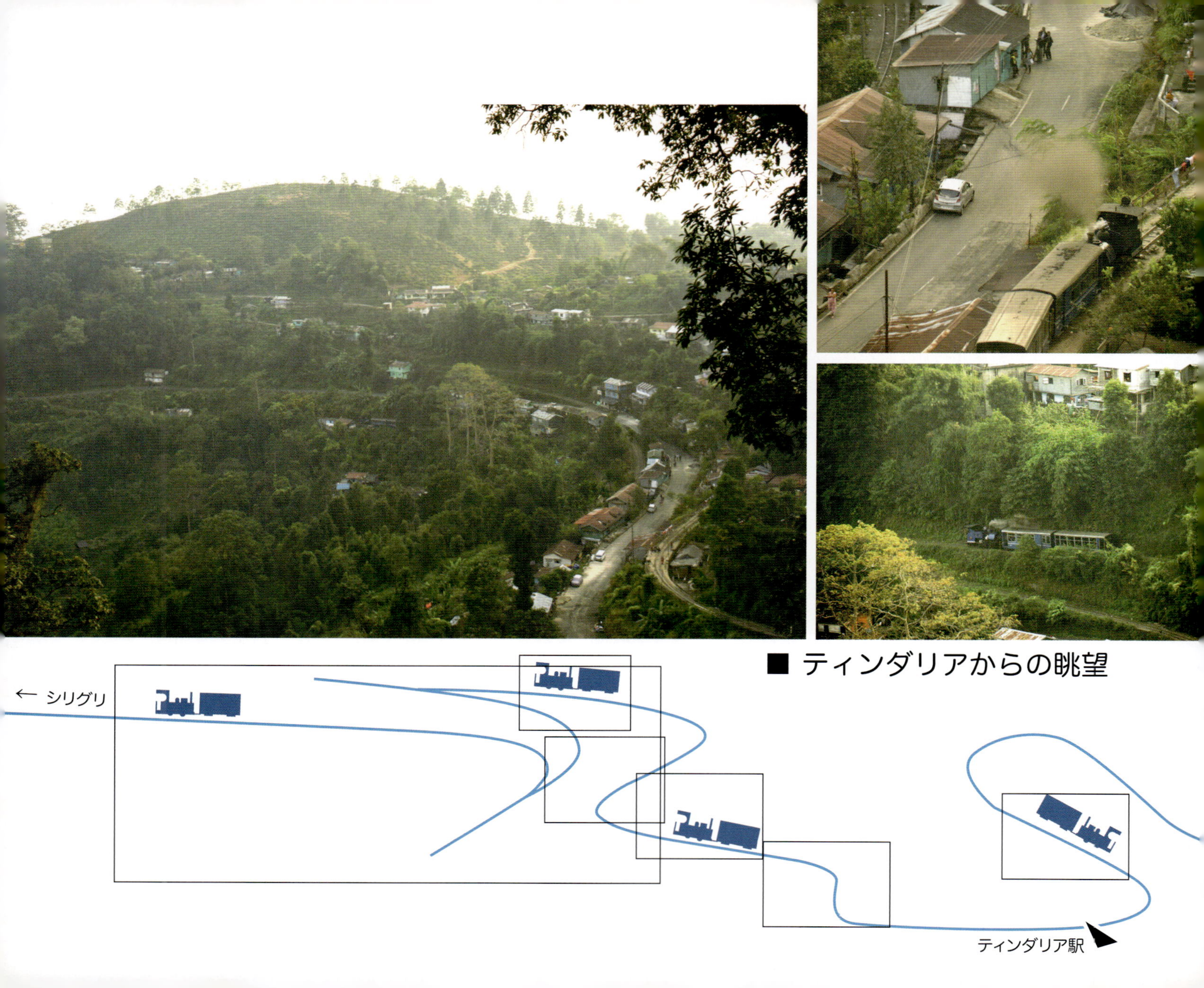
■ ティンダリアからの眺望
← シリグリ
ティンダリア駅

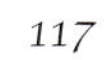

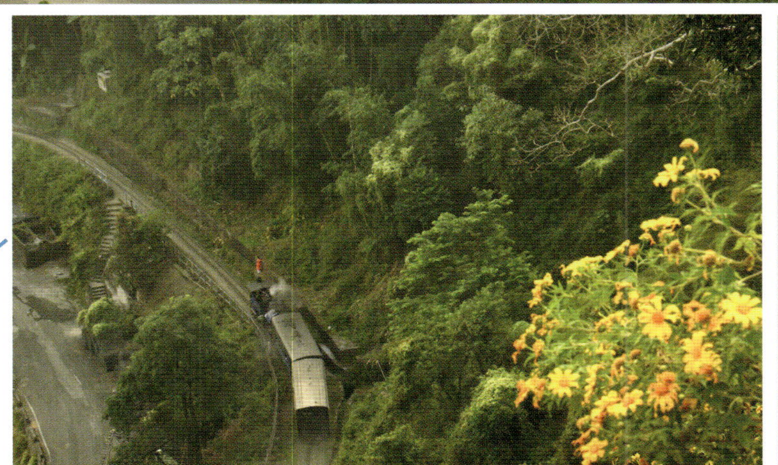

ガヤバリからティンダリアまで「チャーター列車」に乗った。やはり乗るのも楽しい。右はダージリンの情景。下は往きに見付けておいた「路面汽車」区間。建築中の家の屋根に上がらせてもらって撮った写真と道路脇から撮った写真。すぐにクルマがやってきて被ってしまった。

運がよければ向こうにヒマラヤが望める「バタシヤ・ループ」は、ちゃんと入場料も掛かる観光地になっているのだった。ループの真ん中に「戦争記念碑」の塔、ループのなかは綺麗に整備されて、臨時停車場もつくられていた。観光列車はここで少しの間停車して、記念撮影タイムが用意されている。

近くにレストランもあり、その昼食を含めて3時間あまり滞在した。蒸機列車3本、ディーゼル機関車牽引が3本通過した。

この日はダージリン泊。観光地の顔も持っているダージリン、バザールや寺院など見るところはいくつもある。

12月3日（木）晴　一時スコール

ダージリンの朝は活気に溢れている。朝7時に駅に出向いてみると、いくつもの蒸気機関車が煙を上げている。準備を進めている機関車もいる。その作業を見るのも楽しいし、なにをどうしようとしているのか、客車を牽いてあっちへ行ったり、入換えたリが忙しいシーンは、21世紀のいまのこととは信じられないほど。時代を超越している、まさしく「世界遺産」というべきものだろう。いつまで見ていても飽きない光景だった。

そんななか、9時過ぎにカルシャン行の列車があるという。この列車は火、木、土の運転である。もちろん、それを追掛けねばなるまい。

列車とともにカルシャンへ、その後、ティンダリアの工場を見学する予定だ。

788号機が客車1輛だけを牽いて走る。前日に見付けておいた、「路面汽車」風のポイントにクルマを走らせた。グム駅の手前である。ずっと「カートヒル・ロード」と絡むようにして走るDHRの線路だが、珍しく道路の中央を走っている。道路脇にちょうど建設中の家があり、その屋根に登らせてもらって撮影する。クルマと被らないことを祈りつつ待つことしばし。やってきた列車は、まずまずのシチュエイションではあったが、残念、客車1輛ではやはり物足りない。

その後グム駅、ソナダ駅手前、ソナダ駅、そしてカルシャンの手前と撮影してカルシャン駅まであとを追う。で地元の名物という「モモ」でランチ。テイクアウトを買ってきてもらって、駅のフォームに座って簡単にすます。これは、スープのない水餃子のようなもので、実に美味。いま思い出しても、もう一度食べたくなってしまうほど。

ティンダリアの工場はこれまで撮影禁止と訊いていて、今回もダメ元でリクエストしたのだが、なんと許可が出た。その代わり見学に際してはティンダリアの駅でなにがしかのチケットを買うように、とのこと。もちろん見学できるなら安いものだ。これが実にカーボン紙を挟んで手書きの名前入りのもの。持ち帰りたいと乞うたが、残念回収された。

機関車をチェックする人、それを見物する少女。下はティンダリアの庫とその中で見付けた「車運車」。2フィートの線路が敷かれており、「パラソルカー」を運んだ。

ティンダリアの工場。上のように崖崩れで長く不通になっていた。上右がその跡。下、制作中の客車と完成間なしの台車。右は外のヤードに放置されていた787号機。復活することはあるのだろうか。下はモニュメント。

工場は以前はいま車庫になっているところに位置していたが、1914年に本線を挟んだ反対側の現在地に移設されている。2010年の豪雨で工場のすぐ裏、本線、道路もろとも大きな地滑りがあり、先述のようにようやく2015年12月1日に線路のみは復旧した状態である。(2018年に道路も復旧した由)

客車はもとより、蒸気機関車まで製作できる設備と技術を持ったティンダリア工場。まるで模型のキットを思わせるような台車セットがあったり、木骨でつくりかけの客車があったり、目を引くものが山のよう。機関車は795号機、805号機が修理中であった。

本来は工場を取り巻くように線路が敷かれていたが、1/4ほどは地滑りで失っている。残されたヤードに使われなくなったオイル焚きの試作機787号機があった。

撮影をしていたら突然のスコール。雨宿りも兼ねて、少し長い滞在となった。

この日もダージリン連泊の予定だったが、道路事情も考え、キャンセルして30日に泊まったバグドグラのホテルにもう1泊することにした。

12月4日（金）晴

最終日、どうしても撮りたい写真があった。それは最初の日に撮り逃した鉄橋のシーンだ。同行の皆さんに我がままを聞いてもらって、鉄橋の脇で、とにかく空港に行く時間ギリギリまで待つことにした。予定の列車は1時間を過ぎても一向に現われる気配もなく、空港に向けての出発時間まで待ったが残念、まあ、またここにくる理由ができたと渋々空港へと向かった。

14時10分発予定のエア・インディア880便は2時間遅れ。しかし成田行の乗継ぎまでは余裕があるので、心配はない。帰路は6時間半のフライトで朝8時に成田着。収穫一杯のダージリン行は無事終了。あとは写真整理など楽しい時間が待っている、と満たされた気持ちで旅を終えたのだった。

追：2年後の「くびき野レールパーク」で開催された頸城鉄道のイヴェントで「ダージリン同窓会」まで開催された。残念ながら小生は参加できなかったが大いに盛りあがった由。トゥアー参加各氏にダージリンの思い出を寄稿いただいた。

上はトゥング駅脇の博物館線路に展示されていたコッペル機。下はカルシャンに下ってきた朝の列車。梅村さん持参の書籍をなかに工場の皆さんと記念撮影。

なんども行きたくなるダージリン鉄道

梅村正明

「軽便鉄道」の伝道師のような斯界の先達。わが国の軽便情景を「ミソ汁軽便」と形容、そのエッセンスを風合いのある模型作品に再現している。

ダージリンへ行くのは２回目だった。初めて訪れた時の感動が忘れられなくてもう一度行ってみたいと思っていた矢先、仲間うちの雑談から発展してあっという間に旅団結成、半年後には出発という運びになった。前回は８年前の12月、２度とも同じ季節にしたのはこの頃の天候が一番安定していて空気も澄んでいるからである。

ダージリン鉄道の魅力は何といっても小さなループとスイッチバックを何度も繰り返して高度を稼ぐ線路配置にある。残念なことに現在その区間には１日１往復のディーゼル機牽引客車列車だけで、蒸機の走るシーンを見たければ列車をチャーターするしかない。

急斜面を登りきった所にあるカルシャンからダージリンまでは蒸機運転の定期列車が運転されていて、この区間だけでも充分楽しむことができる。さらにグームまで行けばダージリンとの間に観光列車（大半は蒸機）が毎日何往復も運転されている。グームは沿線の最高地点で海抜2257メートル、終点のダージリンはここから少し下り込んだ所にある。

一般向けのツアーでダージリン鉄道のトイトレインに乗車するという企画がある。こんなツアー参加でもダージリンで宿泊するなら朝食前に駅まで行ってみることをお勧めする。早朝から何輌もの蒸機が煙を上げて狭い構内を行ったり来たりしているのを目にすればたまげるに違いない。

●日本人なら心安らぐダージリン

ダージリン鉄道の起点ニュージャルパイグリや車庫があるシリグリあたりは海抜100メートルでインドベンガル州の真っただ中。このあたりはサリー姿の人が目立ち牛も散歩している典型的なインド風景である。アッサムティーの茶畑が広がる平地を抜けてスクナを過ぎると森林地帯に入る。尾根の上に広がるカルシャン（大学もあるという大きな街）まで来ると、そこはインドというよりチベットやネパールの文化圏で人々の顔立ちや服装も日本人にとって違和感がなくなる。むろん牛が歩いているようなこともない。

ここから先の沿線に住むのは敬虔なチベット仏教徒で輪廻転生の生まれ変わりを信じている人たちである。つまりここではスリやひったくりの被害に遭う恐れはない。さらに買物をしてお釣りをごまかされることもなければ、置き忘れたものをわざわざ届けてくれたりもする、いずれも実体験であるが、なんとも居心地の良いのがダージリンである。

●客車も魅力的なダージリン

ダージリン鉄道の客車に「ヒマラヤンプリンセス」と「エベレスト」という２輌の貴賓車がある。私たちがシリグリ機関庫へ行った時は隣の客車庫で整備中だった。ダージリンから下山したあと地元の新聞で知ったのだが、チンダリアの大崩落災害から５年ぶりに復活した直通運転の祝賀列車に使用するための整備だった。

エベレストは後部が半円形の展望客車で中

を覗くと一人掛けのソファーが９脚、後ろ向きに配置されている。古めかしい形をしているが 1948 年製。この鉄道の客車はどれも腰が低く地面に這いつくばったようなスタイルをしているが、エベレストは特に腰が低くレール面から車体下端まで 30 センチしかない。さらにその下にフレームがありトラス棒まで付いているのだから、もう地面すれすれで、車輪がどこにあるのか分からないほどである。

前回も列車をチャーターしたが蒸機の後ろには手荷物合造客車とこのエベレストが連結されていた。自分たちは列車に乗らないでジープで追いかけるつもりである。誰も乗らないとまるで回送列車だが、いざ走り出してみると大勢乗り込んでいたので驚いた。チャーター列車には５人の運転要員の他に信号手、整備士、営業主任と大勢係わっていて、彼らがソファーでふんぞり返っていた。インドでは総勢 11 人がかりで走らせる蒸気機関車牽引の列車が 10 万円程度でまる１日チャーターできてしまう。

手荷物合造客車は 1968 年製で元は客室部分に小さな窓が４個並んでいたが改造で窓が大きくなり明るく開放的な客車になった。愉快なのは荷物室の一部に犬用のドッグボックスがあることで、今はおそらく使われていないが側面にある小さな格子窓にその名残が見られる。

今でもチャーター列車には展望客車が組み込まれるようだが、２回目の旅行では残念ながら先のような事情で窓の大きな普通客車２輌だった。それでも目の前で繰り返される発車時の大空転や何ヵ所もあるスイッチバックの推進運転など、線路際で待ち受ける私たちを充分楽しませてくれた。

●模型にしてしまったチャーター編成

実は手元にダージリン蒸機のＯナローモデルがある。20 年近く前に天賞堂の中古品コーナーで見つけてゲットしたもので、Ｂクラスという形式の 14 トン機のスクラッチ完成品。セミプロ級の人が何輌かまとめて制作した物らしく、偶々であるが知人が未塗装の同じ模型を持っていたのに驚いた。

機関車があるのだからダージリンで実際に見た可愛らしいチャーター列車編成を作ってみたくなった。幸いなことに客車は２輌とも詳細な図面が THE IRON SHERPA というイギリスの本に載っている。今は入手困難らしいが友人が持っていてコピーを手に入れることができた。ということでオールブラスで制作したのが写真の２輌である。

今こうしてガラスケースの中のチャーター編成を眺めていると、ラントン駅の先で凄まじいブラスト音を谷間に響かせていた光景が瞼に浮かぶ。道路端にある給水所が上り勾配になっているせいで、たった２輌の客車がなかなか牽きだせず、何度も空転を繰り返してようやく動き始める。するとそこにはもうヘアピンカーブが待ち受けているという、いかにも山岳鉄道らしいダージリンワールドが広がっているのだ。

ダージリン鉄道に魅せられて

木村正明

「軽便鉄道」を愛好し、その保存活動、動態運転に携わる。エンジニアという職業技術を活かして、レストレイションにも大いに力を発揮した。

青年時代から「いつかは行ってみたい！」と思っていたダージリン・ヒマラヤン鉄道。ネット上で大概の事は調べがつく時代なのに、現在の詳細な運行状況は不明で、どの程度の規模で蒸気機関車が運転されているのかもよく判らないまま「ウメ旅団」のメンバーとして訪問する機会に恵まれた次第。

以前、北陸地方に単身赴任していた時に、動態で復活した尾小屋鉄道や頚城鉄道の運転を手伝った経験からの想像では、世界遺産に認定されたダージリン鉄道とはいえ、「トイトレイン」などと呼ばれていることから、かなり限定された状況下で細々と保存運転されているようなイメージでした。

インドの鉄道自体がほぼ無煙化されたこともあって、シリグリの運転区に着くまでは「取あえず21世紀に動いているダージリン鉄道の見学会」ぐらいのつもりだったのが…

ヤードに入り、目の前で数輌の青い蒸気機関車が線路上に居るのを見た瞬間から、けむりプロの名著「鉄道讃歌」の1970年代の世界にワープ！しかも自分が手にしているカメラは、動画も撮れる現代の便利なデジカメ。フィルムの残り枚数を気にする必要も無く、思いのままに撮れる、なんて幸せなことか。

北陸の両軽便鉄道での保存運転での自分は、「運転テツ」だの「撮られテツ」とか言われ放題だったけど、ここダージリンでは安全運転のプレッシャも無く、本来の趣味人として思う存分に撮ったり乗ったり、触って調べたりと楽しみのし放題です。

ひとわたり楽しんで、落ち着いて改めて有火の蒸気機関車を観察すれば、19世紀のデザインのまま20世紀初頭に造られたノース・ブリティッシュ製のカマ。配管途中からの蒸気漏れもご愛嬌な「生きてるブルーエンジン」！　ボイラーマンに了解いただいて、狭い運転台に乗って見れば、前方は炭庫やドームで狭い視界。逆に後方はフルオープンで、客車の前面が直ぐ間近に迫り、立っているだけの広さしかない過酷な仕事場。使い込まれたレバーやハンドルは地金色に輝き、毎日実働中を無言でアピールしてます。

明日のチャーター列車では、そんな運転側の立場も理解し感じながらの並走などを楽しめそうで、期待は高まるばかり。

このシリグリ運転区には、ブルーエンジン以外にも、ダージリン鉄道では少数派のディーゼル機関車や古いけど個性的な大量の客車も置かれていて、ストックの部品も含めて気の遠くなるような歴史を感じます。

翌朝はホテルで純英国風の朝食を楽しんで、昨日の運転区や駅を訪問。一番列車の更に前に、線路点検のために小型のオープンタイプの好ましいモーターカーが出発して行きます。その積荷の中には、新品の犬顔の犬釘なんてレア物も見え、ここにも鉄道の元祖イギリスの歴史がしっかりと存在しています。
　次の一番列車が出た後にチャーターした蒸気列車が出るので、線路脇でボンヤリと待っていると、短い編成のはずの一番列車が後尾に展望客車まで付けた豪華版で発車。聞いていなかったけど、雨季に大雨で崩れていた区間が、今日再開通した記念列車との事。想定外でもう朝からドンドンと期待が盛り上がってしまう。
　やがてチャーターした蒸気列車の準備が整い、用意された乗用車２台とオープンのジープ１台に分乗して、並走しての撮影会がスタートです。
　並走するジープからの撮影の合間に見ていると、運転士と火夫が前方を確認するのに横に身を乗り出している様子。その前のボイラー上には石炭を砕いて火夫に送る係が乗り、一番前のステップには線路に滑り止めの砂を撒きつつ前方確認する係りが左右に各１人の計５人で運行。やはり運転席が狭いので、火夫は石炭を投入する時は屈み込んだり、連結器に片足置いて下がったりと工夫して作業。その時の石炭投入に使うスコップはハンドルを切り詰めた短い専用品。同乗していても５人の間の会話は騒音で無理なので、汽笛や身振りで指示を出すのも運転士の務め。息の合ったグループで無いと、円滑な運行は難しそうです。
　更に古い機関車なので各車ごとに調子が違い、当日準備した中で条件の良さそうな物を選んで運行し、天候や線路状況を気にした上で数駅ごとの給水や石炭の灰処理の作業などを行なっています。
　雄大な自然の中、世界遺産の貴重なブルーエンジンを運行するのは、思っているほど楽ではなさそうに思えてきます。
　更にこの後日、終着駅のダージリン駅構内で見た朝の列車編成方法の凄いこと。
　駅のヤードと道路を間に挟んだ山側の車庫で、４輌ほどのブルーエンジンが蒸気を上げて準備中。見ていると１輌のブルーエンジンが進入路から駅構内に入って、数輌の客車を側線からホームに整列させて１番列車の用意をして汽笛を一発。そこにこの列車を牽くディーゼル機関車が来て連結。更に最初とは別のブルーエンジンも進入して来て別の列車を準備して、さほど広くもないヤードに数輌の機関車が行ったり来たり。どこかに運転指令の担当が居る気配もなく、毎朝の通常業務なのか、各車が短く汽笛を鳴らすだけで動き回っている光景は、ちょっと驚きです。
　この後、日本でも夏の尾小屋鉄道や秋の頚城鉄道の公開運転会で、列車を仕立てる姿を演出半分で行なうようにしていますが、朝のダージリン駅構内ほどの強烈なインパクトは当然ながら出せていません。
　またいつか行って大いに刺激を受けてみたい、小さいけれども雄大なダージリン・ヒマラヤン鉄道です。

「HIMALAYAN BIRD」

石井伸明

鉄道写真をはじめ、模型制作、スキューバダイビング、バードウォッチングなど趣味多彩。本業は歯科医師らしいが実態は謎（と書くように、と）。

「ダージリンに行かないか？」という嬉しいお誘いをいただき、かねてより憧れていたダージリン・ヒマラヤン鉄道をこの目で見られるならと後先考えずにふたつ返事でお願いしたものの、1週間仕事を休むのは勇気のいることでした。それでも今思い返しても本当に楽しく、思い切って行って良かったと心の底から思える旅でした。

まずニューデリーに向かう飛行機の中から同じ高さにヒマラヤ山群を見ることができ、その光景が1時間以上にわたって続くのに度肝を抜かれて、すでに人生観が変わり始めたようでした。ただ山の判別ができたのは、カンチェンジュンガとエベレストくらいで、こんなに見えるんだったらもっと予習をしてくるんだったと悔しい思いをしました。（機内から撮した写真から後で判別できました。そのくらいよく見えるんです）

ニューデリーからシリグリへの車中からみた街のインドらしいカオスも他では味わえない新鮮な体験で、メインの汽車を見る前にもうインドの面白さに嵌ってしまいました。

もうひとつ、汽車以外の趣味のバードウォッチングもしようと欲張って、双眼鏡、フィールドスコープ、三脚を担いで汽車を見る合間に鳥を探して歩きましたが、汽車の方があまりに面白すぎて「鳥見」をする時間がとれず、あまり収穫はありませんでした。それでも20種ほどの初めての鳥に出会え、中でもインドシマヤシリスと一緒に行動しているキバシヤブチメドリを観察できたり、光沢のある紫青色が美しいオオルリチョウを写せたりとこちらも充分楽しめました。他国では侵略的外来鳥ワースト3に入れられているインドハッカも本来の生息地で見れば可愛いものでした。

さて肝心の汽車ですが、製造後120年の古豪「ブルーエンジン」806号機の牽く列車を、乗ったり、クルマで併走して撮影したり、先回りして迎え撃ったりと一日堪能しました。その余韻に浸りながら泊まったカルシャンのホテルは古いけれど格調高く素敵なホテルで感激しました。

朝のカルシャンはひんやりとした空気が心地よく、周囲の急斜面の茶畑と茶摘みの少女の姿が美しく印象的でした。是非また泊まりたいホテルですね。その後カルシャン、バタシア・ループ、ダージリン、グームでは鳥どころでなく汽車三昧！　なかでも朝のダージリンの駅は面白過ぎます。列車本数はたいしてないのに3輌の蒸機に火が入り、たくさんある客車をひたすら入換えていましたが、遊んでいるとしか思えない大騒ぎで、見ていて飽きませんでした。

今回の旅では運良く5箇所で在籍する14輛のBクラス全機を目撃できました。「MOUNTAINEER」や「HAWKEYE」といった固有名を持つ機関車もいたり、一輌一輌個性があってその違いが興味深かったのですが、一番のお気に入りは現役最古参（1892年製）の779号機でした。

「HIMALAYAN BIRD」のネームプレートを持ったこの機関車は、煙突に砲金のティアラを冠し、シリンダ・ケーシングには鷲のレリーフが飾られて特別な存在のようでした。是非とも模型化したいと思ってディテール写真を撮りまくり、帰ってから1：48の模型化設計図を引きました。

3Dプリントをしようと、3D CADソフト（Rhinoceros）を使って描画してみました。まだ「絵に描いた餅」なのに模型が出来たような気になってしまい、絵をグルグル回して遊ぶばかりで形になっていません。動力はKATOのEF65が流用できそうなのでそれを組み込む設計も済み、動力も入手済なので今年こそは作り上げなければ。模型ができたらそれを持ってまたダージリンへ行こうと夢見ています。

左ページ:インドハッカのシルエット。右はオオルリチョウ。下3点は石井さんお得意のコンピュータによる3D作画された779号機。模型完成が待たれるところだ。

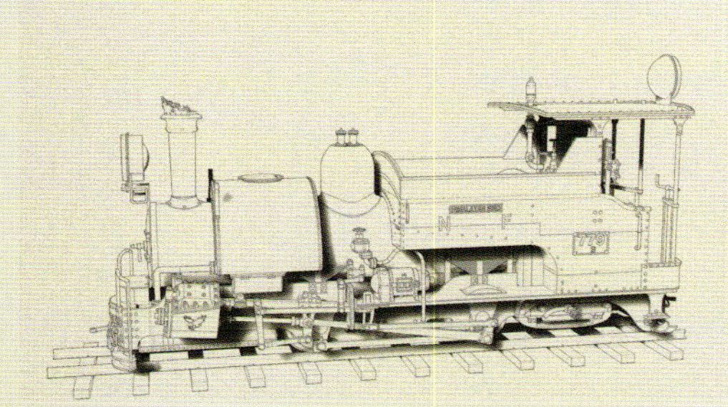

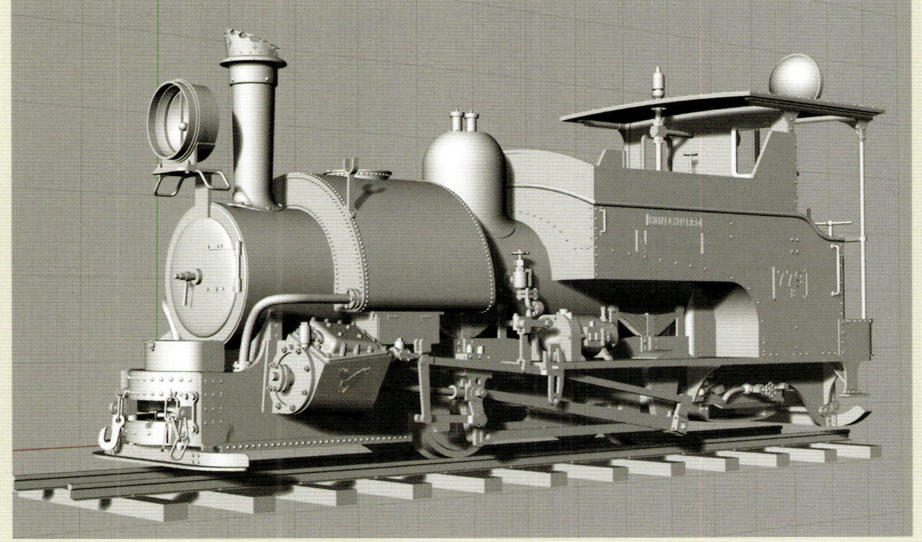

「ダージリン ブルーエンジンとジープ」

竹内　昭

本職はアニメーター、アニメーション作画設定など。「狭軌鉄道（ナロウゲージ）」はもとより、ジープ系自動車、軍用車両など興味の範囲は広い。

2015 年 11 ～ 12 月のダージリン・ヒマラヤン鉄道ツアー、どこを切り取っても最高に楽しかったツアーでしたが、最も印象に残ったのはフルオープン・ジープで蒸機チャーター列車を並走撮影した事でしょうか。いのうえさんがオープン車から蒸機列車を並走撮影する為に全日通しのチャーター車以外に車高もあるジープのチャーターをリクエストしたと聞いてます。

私が鉄道、中でもナローゲージ鉄道が好きなのは勿論ですが、実はプライヴェートでジープに乗ってる事からジープ系四輪駆動車にも大変興味があります。そしてインドは自国マヒンドラ社（Mahindra & Mahindra Limited）がジープを製造している､実はジープ大国？でもあるのです。40 ～ 50 年程前に撮られたダージリンの写真を観てると画面のあちこちにランドローバーに混ざってマヒンドラ社や米国輸入と思われる、いろんな形式のジープが写り込んでおり、ダージリン計画が具体化してきた時点で沿線でどんなジープが見れるのか密かな楽しみ？と思っていたら、なんとジープをチャーターしようって訳ですから楽しさ倍増間違い無し！　ただ出発直前まで実際にジープ・チャーター出来るかは不確定だったと覚えてますが…

さて、チャーター運転当日やってきたのはインド・ジープでも旧形式？に属すると思われる日本の三菱で言う J-3R タイプ。私が普段乗ってるジープと同系列で見た目は殆ど一緒といってもいいタイプです。勿論幌は外されフルオープン状態。大好きなジープに乗って永年憧れてたダージリンの SL 列車を追いかけて撮る…　私にとっては天にも昇る思いです。 もう撮らずに自分でジープを運転しながら SL 列車を追いかけて行きたいような気分！！　チャーターした甲斐もあって日本国内で殆ど見る事のできないマヒンドラ・ジープをじっくり観察する事が出来ました…

あ、主役はブルーエンジンですが。

印象に残ってるもののひとつにティンダリアの客車庫の探索があります。ダージリン・ツアーも終盤に差し掛かった頃、見学が難しいと聞き伝えられてきたティンダリア工場の見学が実現し、それを終えてあとは麓に降りて宿に入るだけという雰囲気でしたが、少し離れた所にある客車庫は結果的に撮影しそびれてた事もあり、メンバーに無理言って帰りがけに、ちょこっと立ち寄ってもらう事にしました。

見た目は数輌客車や貨車が留置されてるだけで撮影もすぐ終わると思われてましたが、客車を周り込んで車庫の奥に現れたのが 804 号機、ここに機関車などは置かれてないと思ってただけに、これにはメンバー全員が驚きました。すぐ隣にはパラソルカー運搬台車まであります。何故ここに1台だけひっそりと置かれてるのかは解りませんが、この804号の発見でダージリンヒマラヤン鉄道の現存する機関車全部が押さえられたと思われました。いやぁ、ここだけは、私がわがまま言って良かった…

左ページ：チャーターされたジープ、Mahindra Jeep。Sukuna にて。上：客車車庫奥の 804 号機と 804 号機横のパラソルカー運搬台車。Tindharia 車庫にて。

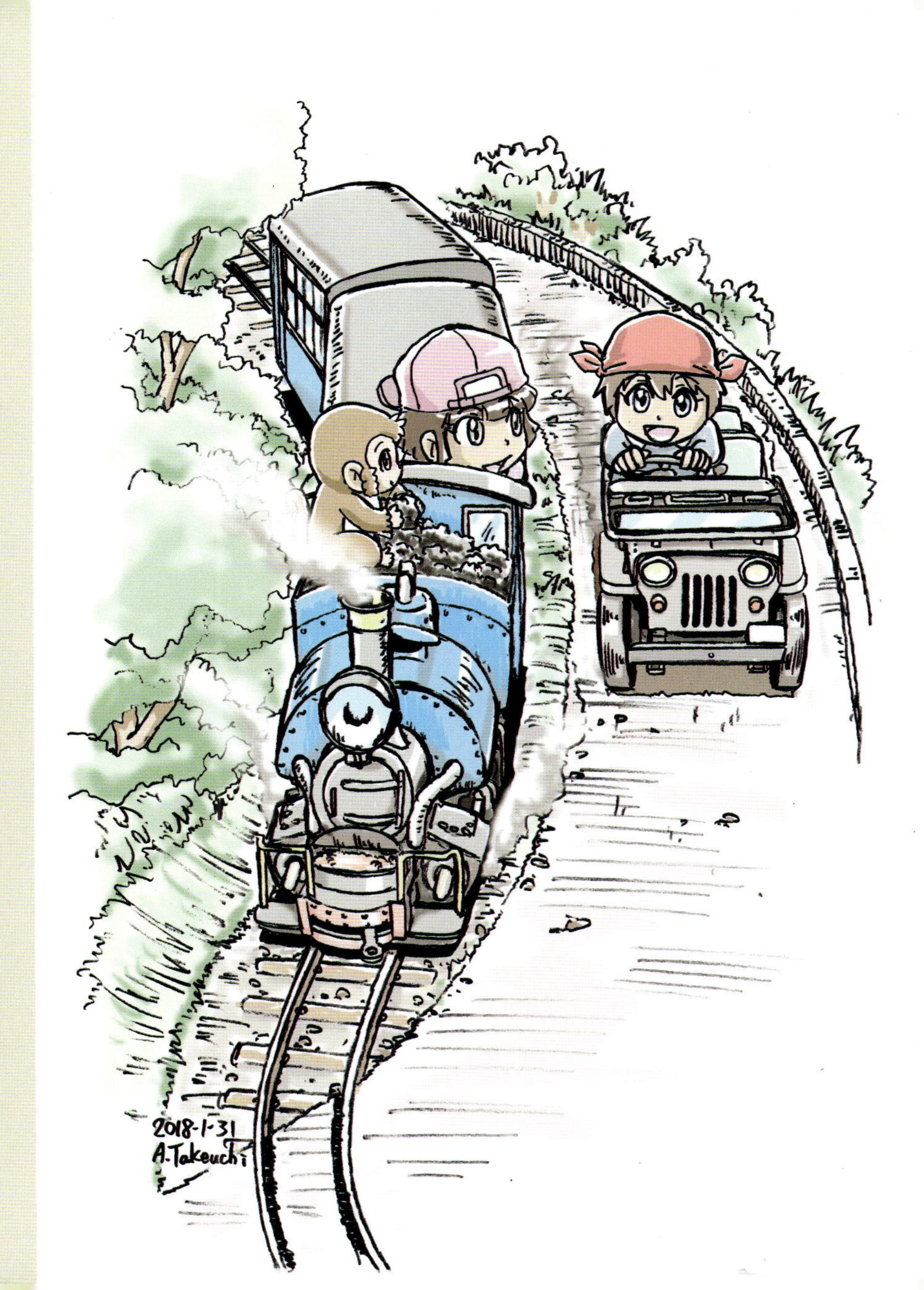

DHRを再現する

小さなレイアウト 450×600

次ページのレイアウト、左上から順に、カルシャンの駅、駅を出発し、街中を通って「バタシア・ループ」を回って、機関庫脇に戻ってくる。ダージリンの特徴をコンパクトに再現。上は併用軌道風に進入するカルシャン発の列車。

最初にダージリンに行ってしばらくして、DHRをモティーフにした小レイアウトをつくった。最近はディオラマということもあるが、鉄道模型世界では線路や情景を限られた固定スペースに再現し、走らせるのをレイアウトという。そのレイアウトを思い立った。実物の1/80見当、450x600mmという最小限に近いスペース、いつも途中でほおり出すことから今回は10日間という期限付きで完成させることを目指した。

テーマとしては、カルシャンと「バタシア・ループ」。そのふたつを合わせたようなものとした。つまり列車は駅からバックで本線に出て、そのまま商店街を抜け、ループに掛かる。もちろん最小スペースの模型世界だから若干のムリは承知の上だ。

もうひとつムリなことがあった。小生、模型車輛をつくったり線路を敷いたりするのは得意だが、シーナリイ、要するに地面をそれらしくして木を植えたり建物をつくったり…といった工作が得意ではない。そこで、イラストレイターで尊敬する先輩のひとり、小野直宣さんの力を借りることにした。本職である家電、カメラやクルマのイラストで感銘を受けるばかりか、趣味の域を出てしまうほどの鉄道模型、特に大型模型にみせるセンスにはいつも唸らされていた。

思い立ったが吉日、まず材料の調達からはじめ、大型の大工道具屋と模型店とをはしごして、板の上に線路を大まかに置いてイメージを確認したところで第一日目は終わる。ベースの9mm厚のボードを線路配置に沿って切り抜き、製作期間短縮の御旗のもと、トミックスの「ミニカーブ」レールを主に、一部併用軌道部分などにピイコの009フレキシブルを用いて線路を敷く。必要な部分には丘の断面になるような板を取り付ける。長い直線区間はつくらない、さりとて直結のSカーヴもできるだけ避ける、軽便らしい線路の条件だ。電気も通し、一応スムースに周回できることを確認して、三日目には小野先生のアトリエに持ち込む。

翌朝、アトリエに出向くと、これつくっておいた、と早くもいくつかの建造物、小物が用意されている。教えを乞いながら発泡スチロールで芯をつくり、それをクレイで覆っていく。地面の起伏をつくるのだ。建造物がおかれることを想像しつつ、はたまた茶畑などの畝まで、完成シーンを想像しつつ、クレイでどんどん地形をつくり上げていく。今日はここまで。クレイが乾くのに時間がかかるから、色づけはあさってに。

一日置いて、次の日には色づけ。小野先生はお得意の「リキテックス」(水性アクリル

絵具）を使って、大胆かつ微妙なニュアンスを大切にしながら、地面や道路を造っていく。またまた増えていた建造物は、発泡スチロールの芯にクレイで壁をつくって彩色したもの、波板等を駆使してつくられた機関庫、カルシャン駅をプロトタイプとした駅など、もう小野先生の独壇場。色の妙、文字や看板などの小物に見せるセンスは、ただただ感服するのみであった。

アトリエにお邪魔する最後の日、畑仕事の女性、収穫物運びの女性、ターバン姿の男性、駅で列車待ちの夫婦、カメラをぶら下げたファンなどが配置され、それこそレイアウトに息吹が吹き込まれているのを発見。まさしく、レイアウトづくりのイロハから最終仕上げのコツまでを小野先生におんぶに抱っこのまま、完成に至ったのだった。三輪のタクシー、バスなどもいうまでもない先生の作である。

●機関車のこと

実は話は前後しているのだが、レイアウトより先にDHRの機関車が完成していた。実物の「DHR」の蒸気機関車は、すごいプロポーションの持ち主だ。ホイールベース1676mm（5フィート6インチ）に対し、全長は5878mm（19フィート3½インチ）。そのまま模型にしたのでは、単機での曲線通過はいいとしても、客車を連結して走ることなど到底無理に決まっている。英国製のスケールモデルのキットを見て、つくづく納得したりしたものだ。

だったら、雰囲気を大切に思い切りアレインジして、模型でも走りやすい大きさにしてしまおう。こういうのは図面など描くより早く手を動かすがいい。かくして、小さなメモのようなイラスト1枚を描いて、すぐさま真鍮板を切りはじめた。杉山模型でつくるホイールベース12mm、動輪径φ5.6、小型モーターを水平に搭載し、平歯車で落として2軸にウォーム伝導という機関車の走り装置を利用して、それらしい上周りを自作すればいい。

工作すること一週間。なんとかそれらしい「Bクラス」風ができ上がり、すっかり嬉しくなって、レイアウトへのエネルギイをためたのであった。

さらに嬉しいことに、本家、杉山模型さんではこの作品をもとに「製品」をつくってくださった。早速、手に入れて機関庫になん輌かを並べるという「夢」も実現することができたという次第。

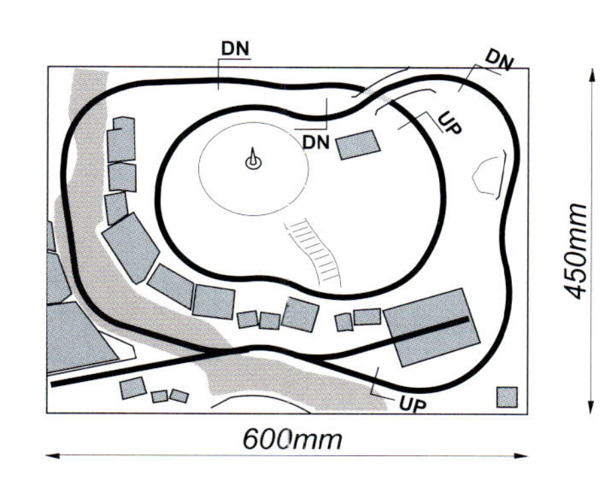

450×600mmのレイアウト。左下の隅に行き止まりのカルシャン駅。ヤードを挟んで反対側に機関庫がある。機関車は杉山模型製の足周りを使って上周りを自作した。機関士や「サンドマン」の乗っているのが自作品。ドームが金色の方は、のちに杉山さんが製品にして発売してくれたもの。なかなか人気で完売したとの由。

DHR が再現されている

小さな「シェルパ」の鉄道

わー、ダージリンの機関車だ、歓声とともに駆け寄ってしまった。ブルウに塗られ、キャブの裾には2本の白いラインも入れられ、足周りに至るまでかなり忠実に「Bクラス」を再現している。まさか、これが½スケールでつくられたものだとは。

場所は英国ウェールズ。ポースマードックから南に1時間ほど、フェアボーンという街がある。鉄道だとバーマウス鉄橋という入江に掛かる大きな鉄橋を渡って先にあるフェアボーン駅でおりる。

メインストリート脇にフェアボーン鉄道の駅があり、ひと回り小型のDHR「Bクラス」がいた、というわけだ。

12¼インチというから310mm、つまりはほとんどDHR610mmの半分、というような超狭軌。この「Bクラス」もちょうど½サイズでつくられているという。機関車だけを見ていれば、きっちりと正しいプロポーションなのだから、なるほどホンモノと識別が難しいわけだ。フェアボーン鉄道はここから3.6kmほどの線路で運行されているのだった。

それにしても、こんなところにこんな鉄道が、と不思議に思っていたら、なんと旧い歴史があるのだった。そもそもは1895年に2フィート軌間の馬車鉄道として開業したのがはじまり。さっきは長いバーマウス橋でひと跨ぎだったが、そのむかしは鉄道と渡し船で対岸のバーマウスとをつないでいた。その当時、橋は20マイルも上流にいかないと掛かっていなかったのだ。

しかし時とともに、交通機関としての使命は終わり、1916年に15インチ・ゲージの蒸機鉄道に変身する。「世界一小さな公用鉄道」として知られた英国ロムニイ・ハイス&ダイムチャーチ鉄道と同じサイズの鉄道になったのだ。戦後はディーゼル機関車も導入され、しばらくは観光鉄道として命脈を保っていた。

Museum

そして1984年に鉄道オウナーが変わると、さらに線路幅を12¼インチに改軌。4輌の蒸気機関車と2輌のディーゼル機関車を導入していまのスタイルになった。

このミニ「Bクラス」機関車は「シェルパ」と愛称された1978年、英国ミルナー・エンジニアリング社製。機関士が乗る都合もあってかテンダー付になっており、コールバンカーは「空」だ。

例によって冬期は休業するが、夏のハイシーズンには8往復もの列車がバーマウス対岸のフェリイ乗り場まで走る。

それにしても「シェルパ」の愛称をもらう「Bクラス」がダージリンの山岳ならぬ、カーディガン湾に面した海沿いの道を走る光景はちょっとした異空間であった。

□ http://www.fairbournerailway.com/

DHRで気になる機関車

謎の「流線型」を考察する

いつだったか、もうずいぶんむかしのことだが、とつぜん事務所のファクスが鳴った。なにか、と思いきや出てきた画像に目を見張った。それは、1輌の「流線型蒸気機関車」の写真だった。

鉄道好きのなかでも「軽便（狭軌）鉄道好き」とともに「流線型好き」という特別ジャンルがある。そう、ファクスを送ってくれたのはその同好の士にして鉄道作家として知られる松本典久さん。ファスクの端には「これなんだか解ります？」と。Bという軸配置、連結器やキャブの印象からDHRだということはすぐに想像できたが、果たしてこんな機関車、実際に存在したのだろうか？

いろいろ知っていくうちに、これは「謎の機関車」として、その道のエンスージアストが語り草にしているような機関車であることが解った。いくつものDHR関連の書籍を制作している「Darjeeling Himalayan Railway Society」という団体が英国ロンドンにあって、彼らの発行している「The Darjeeling mail」という小冊子、1998年5月に発行されたその第2号は、なんと表紙が件の「流線型」であった。

同会にお願いして写真をいただいた。なかに「流線型機関車」に関する記事があったので、それを参考にさせてもらいながら謎の機関車を紹介しよう。

ちょうど戦後のこと、数多くの戦争から引き揚げてきた軍人がダージリンで療養していた。少しでも明るい話題を、と流線型機関車は計画されたのだ、という。参考にされたのはイラク国鉄のPCクラスという機関車。2C1、パシフィックの軸配置で3輌が1940年、ロバート・スティーヴンソン社で製造されたもの。長い全長から得られる流麗さは較べようもないが、その写真を見ると前

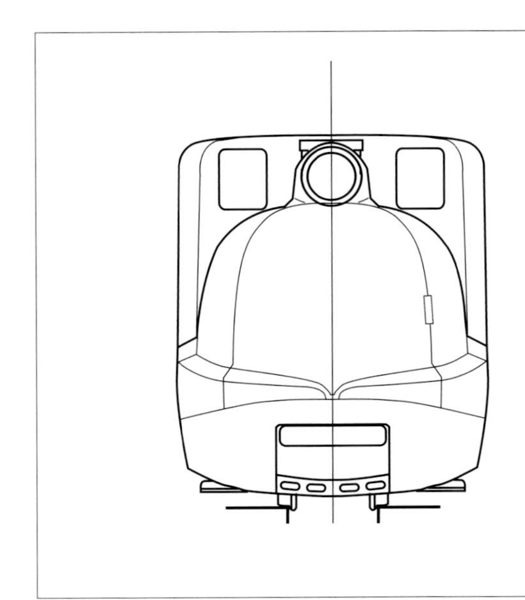

照灯後方の煙突脇のスリットや動輪部分の覆いの窓の形、前面やスカート辺りに、なるほどモティーフがしっかりと引継がれている。イラク国鉄の流線型はグリーン塗色に白ラインで、1960年代まで残っていたという。

寸詰まりの車体に精一杯「流線型ですよ」と主張するDHRの流線型は、「Bクラス」28号機をティンダリア工場で改造したもので、1942～45年の間、存在した、という。ううむ、いいなあ。

「軽便好き」でかつ「流線型好き」の小生は、なんとか模型でつくれないものかなあ、などと夢を描いているのだが。

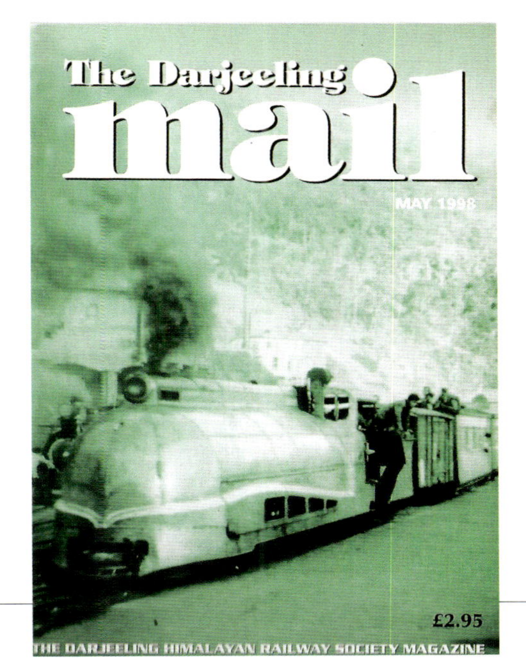

DHR関係の出版物を多数制作している英国ロンドンの「Darjeeling Himalayan Railway Society」。「The Darjeeling mail」という彼らの発行した小冊子。その1998年5月に発行された第2号は「流線型」が表紙。
□ www.dhrs.org

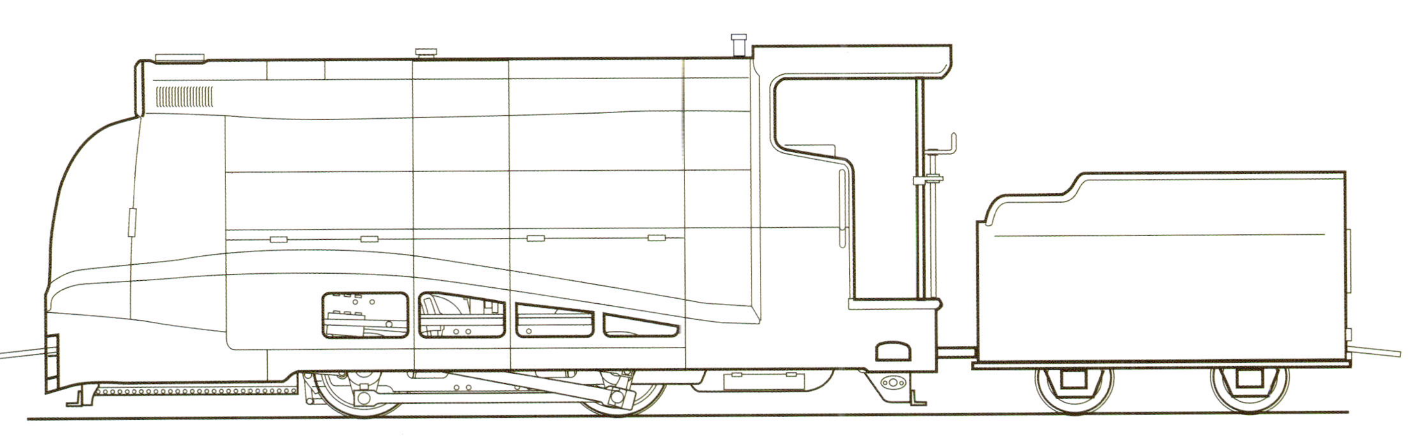

Class B Streamliner Darjeeling Himarayan Railway 1/50

DHR 土産に買った機関車

手づくりの「779」号機

自分自身でも「変なヤツ」と思うのだが、欲しくてようやく手に入れたものをそのまま開封せずにとっておくことがままある。別に、その方が骨董価値が上がるとかいうのでも、はたまた自分のものにしてしまったら興味が失せた、というのでもない。シュリンクしたままのお気に入りのプラ模型は、楽しみがそのまま封印されているようで、シュリンクを破るのにも勇気が要る、そんなところかもしれない。

実はダージリンで１台の手づくり蒸気機関車を見付けた。ウインドウに飾ってあった両手で持つサイズの機関車。ブリキ細工なのだろうが、いかにも手づくりというのがよくて、なんどか店のまえを往復したすえにとうとう買ってしまった。価格はそこそこだったのだが、財布が軽くなることよりも、持ち帰ることを考えて大きな土産は絶対買わない、という禁を破ることの方により大きな決断が要った。

厚紙の箱に詰め物を一杯にし、それをしっかりと紙で包んで紙紐まで掛けて念入りに梱包してくれた自分への土産。チェックが厳しいと評判のバグドグラの空港でも、怖い顔をした係員に「これはスーヴェニールで、中身は蒸気機関車のオモチャ。箱を開けたらまた梱包するのは大変なことで…」などと力説し、X 線だけで通過させてもらい機内に持ち込んで大切に持ち帰った。

帰宅するのも待ち切れず、すぐに箱を開けて…　と思いきや、例の癖がでてしまった。オレンジ色の包装紙に包まれたまま、それから数年が経過している。どうしたものか。願い叶って本書が実現したのだから、願掛けが如くに封印していたこの土産を開いてみようではないか。

かくして休日の某月某日、いよいよ敢行することにした。ここまでは、まだ開封前の記述である。

ワクワクなのか、それともついにこのときなのか , まずはお土産として買った本、ダージリンの地図それにカミサンがどうしても欲しいと、カルシャンの線路沿いの店で買った手づくりのポット、そしてしっかりと梱包されたままの機関車。並べて写真を撮って、いよいよ開封。紐をほどいて包み紙を剥がして…　箱はなんだか食品オイルのもののようだ。土産物屋のオヤジさんが用意してくれたのだろう。

箱の中は、そう、ダージリンの空気も封印されているのだ。写真を撮りながらもちょっと感慨に耽ったりしながら小一時間。休日の午後を楽しんだのであった。

そうだ、機関車のことも書いておかねばなるまい。ブリキを中心に細工されている機関車はご覧の通り、手づくり感いっぱい。線路はアルミの角パイプでゲージもなにもあったものではなく、車輪とも合っていないが、まあ、お土産品としてはよくプロポーションを捉えているといったところ。ただ、779号機のナンバーと「QUEEN OF HILLS」の名前が入っているが、煙突にティアラは紛れもなく779号機だが、779号機の愛称は「Himalayan Bird」のはずなのに…

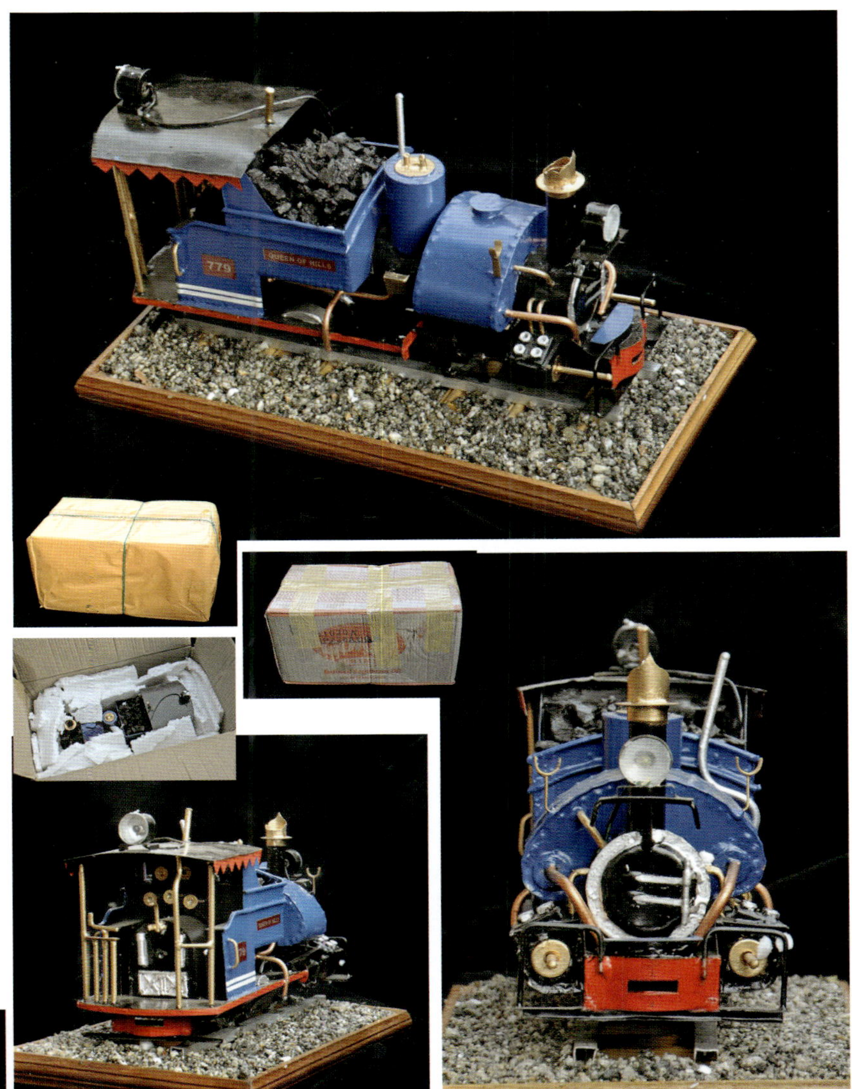

DHRの魅力
（あとがきに代えて）

ダージリンはいつか是非一度は行ってみたいところ、としてずっと頭の中にあった。そう、「11PM」月曜日（なんて旧いなあ。1970年代後半だっただろうか）で、1回の放送が全編ほぼほぼダージリン・ヒマラヤン鉄道探訪などという画期的な回の番組があった。のちのち、その番組の生みの親、名ディレクター、岩倉明さんになんどかお話しを訊かせていただくにいたって、ますます思いは募っていたのだ。いちど行ってみるといい。二度と来たくないと思うか、その反対かどちらかだから。まあ、めちゃくちゃ虜になると思うけれどね、といわれたのを思い出す。

そんなインド、しかし独自のルールがありそうで、おいそれと個人で行くのはなかなか難しそうなところであった。団体行動の苦手な小生が初めて（そして唯一）参加した「ツアー」、それはインド、ダージリン・ヒマラヤン鉄道ツアーであった。しかし、それがひどいツアーで、写真を撮ろうとすると引率者が機関車にベターッとへばりついている、チャーター列車では窓から顔を出しムービーを回しっぱなしで、写真を撮っているわれわれを見付けると手を振ってくる、という…

いつかはちゃんと心得を持った仲間で訪問したい。そんなところに小生が鉄道趣味の先輩と慕う「ウメ兄」こと梅村正明さんから、ダージリンに行こう、と話を持ちかけられた。これ幸い、「ツアコン」を買って出て、それが別項の「旅日誌」となったのである。

それにしても、インドは特別の時間が流れているようだ。ダージリンの街は以前と変わることなく、そこに暮す人々も変わらず活気に溢れ、蒸気機関車が往き来する駅周辺の情景は本当に時間を忘れさせてくれた。

そもそも、小生が物心ついたとき、日本の「軽便鉄道」はもはや数えるほどしか残っていなかった。蒸気機関車の牽く軽便、つまりは「狭軌鉄道」シーンはほとんどお目には掛かれなかったのである。そういう、ちょっとの差で見られなかったものは特別な想いを抱かせる。国鉄蒸気機関車でいえばC51なぞがそういう存在なのだが、田舎道の端でほとんど枕木ごと埋もれてしまったような細い線路を、木造の客車を数輛牽いて小型蒸気機関車が走る、などというシーンは夢想するだけで、まさしく永遠の憧れというようになっていた。「ウメ兄」いうところの「ミソ汁軽便」は永遠の夢なのである。

だから、山に挑むダージリン・ヒマラヤン鉄道も素敵だが、それこそ「カオスの街」を行くシーンにより魅かれてしまったりするのも、どこか「ちょっとの差」を取り戻したい気持があったからかもしれない。機関車こそ、わが国の軽便鉄道に存在したタイプとは大きく異なるものであったが、雰囲気は万国共通の懐かしさ漂う情景、という感じで心和まされたのであった。

それにしても、こうしているいまも遥かダージリンの地では、蒸気機関車が活気溢れる情景を繰り広げているかと思うと、なにかそこに身を置きたい衝動にかられる。日本で過ごす24時間もダージリンでの24時間も同じ一日に変わりはないのだけれど、悠久の時間が感じられるかの地。蒸気機関車というまたとないスパイスは、それこそ悠久ののりもの、というものなのかもしれない。

「ミソ汁軽便」信奉者５人（＋１人）によるツアーは、それぞれに大きなインパクトとなって、忘れられないものとなった。趣味に熱心ということは、それだけ本業も多忙なみなさんに寄稿をお願いした。

「ウメ兄」はすでに模型世界でDHRをわがものにしておられる。鉄道から受けた感動の究極は模型にして再現することだ、という趣味人気質がそのまま実現できている。

木村さんは「くびきのお宝のこす会」など、わが国の「軽便鉄道」保存にも力を入れていて、「皆さんのヴォランティア参加をぜひ…」と訴える（https://kubikino-rp.jimdo.com/）。

石井さんは帰国したその日の午後にも患者さんの予約が入っていて、というような多忙なドクター。にもかかわらず鉄道模型にその他に、趣味にも熱心な方。

竹内さんは描いてくださったイラストレイションでも解る通りのアニメのプロにしてのりもの趣味が多彩。

それにしても趣味の仲間というものはいいものだ。ダージリン・ヒマラヤン鉄道に取りもたれて仲間が増えた、そんな感じだ。

「狭軌鉄道」の持つ趣味性、「蒸気機関車」の魅力、そんなものを少しでもお伝えしたく本書を企画した。趣味の仲間のパワーが後押ししてくださったこともあって、幸いなことに形にすることができた。

文末になったが、発行元の小宮秀之さんはじめ、皆さんに謝意を表して結びとしたい。

2018年初春　　　　いのうえ・こーいち

著者プロフィール

■ いのうえ・こーいち　(Koichi-INOUYE)

岡山県生まれ、東京育ち。幼少の頃よりのりものに大きな興味を持ち、鉄道は趣味として楽しみつつ、クルマ雑誌、書籍の制作を中心に執筆活動、撮影活動をつづける。近年は鉄道関係の著作も多く、月刊「鉄道模型趣味」誌、「ベストカー」誌に連載中。主な著作に「C62 2 ファイナル」「図説電気機関車全史」(メディアパル)、「図説蒸気機関車全史」(JTB パブリッシング)、「名車を生む力」(二玄社)、「ぼくの好きな時代、ぼくの好きなクルマたち」「C 62 ／団塊の蒸気機関車」(エイ出版)、「フェラーリ、macchina della quadro」(ソニー・マガジンズ) など多数。また、週刊「C62 をつくる」「D51 をつくる」(デアゴスティーニ) の制作、「世界の名車」、「ハーレーダビッドソン完全大図鑑」(講談社) の翻訳も手がける。株) いのうえ事務所、日本写真家協会、日本写真作家協会会員。

連絡先：mail@ 趣味人 .com

著者近影

クレジット；p023、p030、p040、p052、p085、p093、p095、p118 など、写真の一部は同行したイノウエアキコ撮影。p031 は合成、p088-089 は同じ場所で撮った 2 枚合成。

世界の狭軌鉄道 01

ダージリン・ヒマラヤン鉄道

発行日　2018 年 4 月 1 日
初版第 1 刷発行

著　者　いのうえ・こーいち
発行人　小宮秀之
発行所　株式会社メディアパル
〒 162-0813　東京都新宿区東五軒町 6-21
TEL 03-5261-1171
FAX 03-3235-4645

印刷・製本　図書印刷株式会社

© Koichi-Inouye 2018

ISBN 978-4-8021-1020-4　C0065

© Mediapal 2018 Printed in Japan

◎定価はカバーに表示してあります。造本には充分注意していおりますが、万が一、落丁・乱丁などの不備がございましたら、お手数ですが、メディアパルまでお送りください。送料は弊社負担でお取替えいたします。

◎本書の無断複写（コピー）は、著作権法上での例外を除き禁じられております。また代行業者に依頼してスキャンやデジタル化を行なうことは、たとえ個人や家庭内での利用を目的とする場合でも著作権法違反です。